政治哲學緒論

AN INTRODUCTION TO
POLITICAL PHILOSOPHY

AN INTRODUCTION TO POLITICAL PHILOSOPHY

政治哲學緒論

喬納森·華夫(Jonathan Wolff)著

龔人譯

OXFORD
UNIVERSITY PRESS

OXFORD
UNIVERSITY PRESS

Oxford University Press is a department of the University of Oxford.
It furthers the University's objective of excellence in research, scholarship,
and education by publishing worldwide. Oxford is a registered trade mark of
Oxford University Press in the UK and in certain other countries

Published in Hong Kong by
Oxford University Press (China) Limited
39th Floor One Kowloon, 1 Wang Yuen Street, Kowloon Bay,
Hong Kong

政治哲學緒論

Jonathan Wolff著

龔人譯

ISBN: 978-0-19-593713-8

6 8 10 12 14 15 13 11 9 7

English text originally published as *An Introduction to Political Philosophy*,
by Oxford University Press 1996 © Jonathan Wolff

目　錄

序 言

　　寫這本書的目的，是向讀者介紹政治哲學中有哪些核心問題，以及古往今來政治哲學為解決這些問題曾作過哪些最令人感興趣的嘗試。我通過研究一系列相互關聯的問題來探討這個課題，搜索政治哲學的寶庫，探求解決這些問題的答案和方法。我沒有系統地描述當代學者的論辯，也不想寫一部詳盡介紹政治哲學史的學術著作。我常常橫越數百年(有時是數千年)去追尋關於最重大問題的最能發人深思的那些著作——也許這只算是我個人的判斷吧。

　　有些人也許不同意我對政治哲學的核心問題的選取，或是不同意我對這些核心問題之相互關係的分析，或是不認為我所選擇的政治哲學家是重要的代表人物。這並不是壞事。我最不希望讓人感到我已經窮盡了這個題目，甚至把本書當作政治哲學的全面圖解。許多「入門」書籍都給人這樣的印象：這門學科是一成不變的教條，學習者只須看懂入門指南，然後就可以按圖索驥。筆者力圖避免這種簡單化的弊病。

　　本書中每一章的主題都從前一章推演出來，但筆者也希望書中任何一章都能當作獨立成篇的文章來讀，都能引導讀者去思索某一特定的問題。讀者通常都感到自己有一種道德上的義務，就是讀任何 一本書都應當從開頭逐頁讀到結尾。(我奶奶老說，希特勒看書總是從最後一頁開始。)至於怎樣讀我這本書，讀者完全可以按照自己的喜好來決定。

　　本書中的許多內容我曾在倫敦大學學院(University College London)和伯貝克學院(Birkbeck College)的課堂上講過，也曾對參加倫敦「院際講座項目」(Inter-Collegiate Lecture Program)的學生們講過。作為回報，我聽到許多有益的批評。說實話，為了寫這麼薄薄一本書我搜集到的意見和建議多得過了頭。許多人曾與我討論過此書的部份章節，或是對部份或全部書稿(有些部份有好幾種不同的寫法)提過意見，他們是：Paul Ashwin, Richard Bellamy, Alan Carter, Elaine Collins, Issi Cotton, Virgina Cox, Tim Crane, Brad Hooker, Alya Khan, Dudley Knowles, Annabella Lever, Veronique Muñoz Dardé, Mike Martin, Lucy O'Brien, Sarah Richmond, Mike Rosen, Mike Saward, Mario Scannella, Raj sehgal, John Skorupski, Philip Smelt, Bob Stern, Nigel Warburton 。在此謹致以謝忱。

引　論

我們不認為一個不關心政治的人是不多管閒事的人；我們認為他完全沒有資格參與政治。(伯里克利葬禮上的演說，引自修西底德斯《伯羅奔尼撒戰爭》，147頁)[1]

　　據說政治哲學只須回答兩個問題：「誰得到了什麼？」以及，「誰說了算？」這種說法不一定準確，但也不算太離譜，滿可以用來當作討論的起點。第一個問題涉及物質產品的分配，以及權利和自由權(rights and liberties)的分配。人們擁有財產的依據是什麼？他們應當享有何種權利和自由？第二個問題涉及另一類產品——政治權力的分配。約翰‧洛克將政治權力定義為「制定包括死刑，因而也包括所有更輕刑罰的法律的權力」。他的話也許離題遠了一點，但卻能使我們看到問題的癥結。政治權力包括對別人下命令的權力，以及如果人家不服從就進行懲罰的權力。那麼，誰應當擁有這樣的權力呢？

　　一想到這些問題，我們就會感到困惑。有什麼說得通的理由可以解釋，為什麼一個人應當比別人佔有更多財產？有什麼正當的理由可以說明，為什麼人們的自由權應當受到限制？政治權力和經濟

1　伯里克利(Pericles)，公元前五世紀雅典政治家。修西底德斯(Thucydides)，公元前五世紀希臘歷史學家。《伯羅奔尼撒戰爭》(*The Peloponnesian War*)，引文根據Penguin 1972年英文版本之頁碼。伯羅奔尼撒戰爭是公元前431-404年發生於雅典和斯巴達之間的戰爭。

上的成功之間應當是一種什麼關係？在某些國家，只有那些已經富有的人才能取得政治權力。在另一些國家，得到政治權力的人們很快就變得富有了。然而，擁有財產和享有權力之間真應當有什麼聯繫嗎？

的確，政治權力本身就夠讓人迷惑的了。如果某人握有管轄我的政治權力，那麼他就有權迫使我做某些事。可是，一個人如何能證明他就擁有支配我的權力呢？別人向我發號施令，這總讓人感到難以忍受。更糟的是，對我下命令的人還認為，如果我不服從，他就有權處罰我。但事情還有另外一面：或許我也應當想一想，別人可能會有怎樣的行為——他們也許會使我生活得很不愉快——如果沒有法律和處罰的威脅來管束他們的話。想到這一點，我們就會覺得政治權力的存在還是有一定必要的。因此，我們既可以同意無政府主義者提出的個人自治的要求，又可以贊同威權主義者關於國家權力的主張。

政治學家的一個任務就是尋求個人自治與政治權威之間的正確平衡，也就是尋求政治權力的合理分配。這個任務顯示了政治哲學的特色。政治哲學是一門規範性(normative)學科，它試圖確立規範(規則，或是理想的標準)。我們可以比較一下規範性學科與描述性(descriptive)學科。描述性學科試圖發現事物已經是何種狀況；規範性學科試圖發現事物應當是何種狀況：什麼是正確的，正義的，或是道德的。研究政治既可以從描述性學科，也可以從規範性學科入手。

一般說來，從事描述性政治研究的是政治學家、社會學家、歷史學家。例如，有的政治學家提出的問題是關於一個特定社會裏的產品分配的實際(actual)狀況。在美國誰擁有財富？在德國誰握有權力？像我們這樣的研究政治哲學的人當然會對問題的答案感到興

趣，不過我們更關心別的情況：產品分配應當依據什麼規則或原則？(在這裏，「產品」不僅指財產，還包括權力、權利、自由權等。)政治哲學家要探詢的不是「財產是怎樣分配的？」，而是「怎樣分配財產才是正義或公平的？」不是「人們享有哪些權利和自由？」，而是「人們應當享有哪些權利和自由？」一個社會應當用什麼理想的標準或規範來控制產品的分配？

但是，規範性學科與描述性學科之間的分野並不像表面看來那樣清晰。我們再來看一看「誰擁有財富？」這個問題。我們為什麼會對這個描述性問題感興趣呢？主要因為財富的分配涉及與正義有關的規範性問題。(可以比較一下另一個問題：「誰手裏有繩子？」——佔有繩索的不平等不能引起政治研究方面的興趣。)

另外，有關人類行為的問題常會跨越描述性與規範性學科間的界限。例如，社會學家試圖解釋為什麼人們一般願意遵守法律這一現象時，常會提及這樣一個事實：許多人認為他們應當守法。當然，有關人類行為的事實性問題也同樣適用於規範性研究。例如，對人類行為和動機毫無所知就不可能提出合乎情理的關於社會正義的理論。例如，有些社會正義理論就可能會對人類接受利他主義的能力作出不現實的估計。總之，研究事物已經是何種狀況有助於解釋事物可能是什麼狀況，而探詢事物應當是什麼狀況必得先研究事物可能是什麼狀況。

然而我們怎麼能知道事物應當是什麼狀況呢？一般説來我們知道如何尋找純描述性問題的答案：我們只須跑出去看一看。我並不是説，政治學或歷史學都很容易，這些學科往往也要從事十分精奧和縝密的工作。但是原則上我們的確認為我們懂得怎樣找到答案，儘管我們常常無法獲得需要的信息。然而我們用什麼辦法可以發現

事物應當是什麼狀況呢？我們應該到哪裏去找答案？

　　令人遺憾的事實是，答案很不容易找到。儘管如此，許許多多哲學家還是付出了努力去解答這些規範性政治問題，而且他們都有不少心得。本書將要討論他們最重要的一些理論貢獻。我們將會看到，哲學家一般都會運用與論證其他哲學問題完全相同的方法來研究政治。他們劃分事物間的區別，考察命題是否自相矛盾，論證兩個或更多命題之間是否在邏輯上一致。他們試圖證明，令人驚訝的結論可以從淺顯明了的論點中推導出來。一句話，他們在進行論證。

　　哲學家們有推論政治問題的資格。與哲學中許多其他領域不同的是，在政治哲學中沒有逃避的餘地。在哲學中，不可知論常是一種受到尊重的立場。(恩格斯說：「英國人把他們的無知譯成了希臘文，並把無知稱作『不可知論(agnosticism)』。」)關於我們是否有自由意志這個問題，也許我找不到一種滿意的說法，所以我不發表任何觀點。在較為寬泛的領域裏，我這樣做無傷大雅。但是，在政治哲學中不可知論就是自相矛盾。一個社會沒有制定官方政策來解決個人自由意志的問題，這也許並不要緊。然而在每一個社會中總有某人(或者不是一個人)掌握着政治權力，財產總是以某種方式分配的。當然，任何個人對社會決策的影響可能都是渺小的。但是我們每個人都具有某種潛在的影響力。如果不是通過投票選舉，就是通過在公開場合或是以「地下」方式進行的爭辯和討論來發表我們的觀點。那些決定不表達意見的人會發現，別人已經代他們作出政治決策，不管他們喜歡不喜歡。什麼也不說，什麼也不做，實際上就是認可現狀，不管這現狀是多麼令人痛恨。

　　本書將提出並討論政治哲學中的主要問題，評論從古希臘至今的一些最有影響的觀點。每一章涉及一個專題，或是探討一個引起

爭議的問題。一個自然的起點是政治權力，也就是控制權。為什麼有些人有權批准法律並憑藉法律來為別人的行為設立規範呢？我們也可以假定，如果誰也沒有這種權力，我們的生活會是一副什麼模樣呢？這就是第1章裏討論的問題：在一個沒有政府的「自然狀態」(state of nature)中會發生什麼？我們的生活會變得無法忍受嗎？我們是否會生活得比現在更好呢？

假設我們都認為有政府的日子比自然狀態下好過，那麼是否可以推論說，我們有義務完全服從國家的命令？用其他的論證是否可以推導出同樣的結論？這就是政治義務問題，我們將在第2章中討論。

假設我們有了一個國家，我們應當怎樣組織這個國家？應當實行民主制嗎？當我們說一個國家是民主國家時，這究竟意味着什麼？有什麼理論可以證明，由人民來治理國家強於由專家——一個仁慈的獨裁者——來統治嗎？第3章將討論這些問題。

國家應當擁有多大權力？或者從另一個角度來看，公民們應當享有多少自由？第4章討論這樣一種理論：為了避免「多數的暴政」，應當給人們按自己的意願行事的自由，只要他們不妨害別人。

如果我們給予公民上述自由，是否也應包括以自己認為合適的方式獲取與處置財產的自由？是否應當以自由或正義的名義對經濟活動加以合理的限制？這是第5章討論的題目：分配中的正義。

本書主要的五章逐個討論了人們長久以來關心的問題：自然狀態、國家、民主、自由、財產。最後一章簡要地陳述了筆者選取本書諸論題時所依據的一些設想，並在近來發表的女權主義政治學理論的背景下檢驗了這些設想。在回顧了兩千五百年的歷史之後，現在，也許我們可以回答本書引論中提出，卻未曾提供圓滿答案的一個問題：我們應當怎樣研究政治哲學？對這個問題，正像對待本書

討論的其他問題一樣，我的目的不是把一個觀點強加給你；與此相反，我希望提供一些材料來幫助你形成自己的觀點。當然，很有可能在讀完此書後你仍像先前一樣困惑。但是，從無知的糊塗到讀書後的困惑是一個進步，我們不應當低估這種進步。

1 自然狀態

The State of Nature

引 子

> 「我本以為一伙英國孩子——你們都是英國人,對吧?——本不應該
> 鬧得這樣不可收拾——我是說——」
> 「開頭還不錯,」拉爾夫說,「可後來——」
> 他停頓了一會。
> 「起先我們待在一塊——」
> 海軍軍官鼓勵地點點頭。
> 「我知道。你們相處得挺不錯,像《珊瑚島》裏寫的那樣。」
>
> (威廉·戈爾丁:《蠅王》,192頁)[2]

　　巴蘭廷(R.M. Ballantyn)的《珊瑚島》寫的是三個英國男孩被困
在一座荒島上的故事。三個孩子憑藉自己的勇敢、聰明和團結擊退
了海盜和土著野人的侵犯,在南海中的這座孤島上過着田園詩般美
好的生活。戈爾丁(William Golding)的《蠅王》中的孩子們也來到一
座富庶的珊瑚島上,然而他們先是發生爭吵,後來竟像野蠻人一樣
互相殘殺起來。巴蘭廷和戈爾丁在他們寫的故事中用絕然不同的畫
面回答了我們提出的第一個問題:在一種「自然」狀態下,在沒有
政府的世界裏,我們的生活會是什麼樣子?

　　為什麼要問這樣一個問題?它和政治哲學有什麼關係?我們認
為人應當生活在由政治機構控制的世界裏:中央政府、地方政府、

---

2 《蠅王》(*Lord of the Flies*)。引文根據 Penguin 1954 年英文版本之頁碼。

警察局、法院。這些機構分配並運用政治權力。它們將人員安置在負有各種責任的職位上，這些人員便宣稱他們有權命令我們遵從各種規矩。而且，如果我們不服從並被他們發現，就會受到處罰。我們每個人的生活都部份地被別人作出的決定所限定和控制。對我們生活的這種干預也許會令人感到無法容忍，但我們有別的選擇嗎？

在開始研究「國家」的時候，我們自然而然會提這樣一個問題：如果沒有國家世界將會是什麼模樣？想知道我們為什麼要有一樣東西，有一個常用的好辦法，就是想一想，沒有這件東西將會怎麼樣。當然，我們不能僅僅為了知道沒有國家將會怎樣而廢除國家，所以在現實中我們只能通過推論來研究這個問題。我們可以想像出一種「自然狀態」，在這種狀態下國家不存在，誰也不掌握任何政治權力。然後我們再看一看在這種狀態下生活會是一副什麼情景。用這個方法我們可以推導出關於「沒有國家將會如何」的一種結論，而我們希望這個推論又能幫助我們了解國家為什麼會出現。也許我們因而能了解國家存在的理由；了解如果國家應當存在，它應當採取什麼形式。

過去是否曾經存在過一種自然狀態？許多哲學家似乎都不大願意對這個問題下結論。例如盧梭(Jean-Jacques Rousseau, 1712-78)，他認為從自然狀態進化到「公民社會」(civil society)[3]——即由一個正式的國家來管理的社會——可能要花費極長的時間，所以，如果假設我們的現代社會是這樣產生的，這想法本身就是一種褻瀆。他說，這個進化過程所需的時間長於聖經中記載的人類歷史。然而另一方

---

3 civil society，又譯「市民社會」。

面，盧梭也相信現代社會中的確有過在自然狀態中生活的人們，而洛克(John Locke, 1632-1704)則認為在十七世紀的美洲許多羣體就生活在自然狀態中。

然而，即使歷史上從未有過真正的自然狀態，我們仍能思考這樣一個問題：假設沒有國家，我們的生活究竟會如何。托瑪斯‧霍布斯(Thomas Hobbes, 1588-1679)對英國內戰深感憂慮，他認為他的祖國將會淪入一種自然狀態。他在《利維坦》中描繪了一幅自然狀態的可怕圖景，希望說服讀者相信由政府來治理的好處。因此，為達到本章的寫作目的，我們並不需要花費許多時間來討論人類歷史上是否真的存在過自然狀態。我們只須討論自然狀態是否有存在的可能。

有這種可能嗎？有些人說，人類不僅從來就生活在國家的治理之下，而且只有通過這樣的方式才能生存。根據這種看法，國家是自然存在的，因為國家對人類來說是一種自然的生存方式。如果我們生活在沒有國家的社會裏我們或許不會成為人類。我們或許會成為一種較低級的動物。人類存在，國家就存在。如果這一條成立，對自然狀態的討論就是多餘的了。

有些理論家則認為，有充足的證據可以證明人類曾有可能在沒有國家的狀態下生存。這種觀點對無政府主義者的理論來說是至關重要的(本章後邊將繼續討論這個問題)。然而，即使實際上人類從未在任何一段時期裏生活在沒有國家的狀態下，還是難以證明人類脫離國家而生存是完全不可能的。因此，為了回答「為什麼要有國家」，我們可以用的一個辦法是假設人類在沒有國家的狀態下生活。那將是怎樣的情景呢？

霍布斯

> (在自然狀態下)產業是無法存在的，因為它的成果無法確保。這樣一來就沒有土地的耕作；沒有航海，因而也用不上可以從海路進口的商品；沒有寬敞的建築；沒有工具來搬運與卸除需要花費很大力量來移動的東西；沒有地貌知識；沒有時間的記載；沒有藝術；沒有文學；沒有社會。最糟的是，人們不斷處於暴力死亡的恐懼和危險之中。人生活在孤獨、貧困、卑污、殘暴之中，生命是短暫的。(托瑪斯·霍布斯：《利維坦》，186頁)[4]

霍布斯最偉大的著作《利維坦》(1651年發表)探討了一個他苦苦思索了二十多年的問題：內戰的禍害以及可能伴隨而來的無政府狀態。霍布斯說，沒有比失去國家保護的生活更糟糕的了，所以國家強有力的統治才能確保我們不至於陷入一場混戰之中。

然而為什麼霍布斯認為自然狀態將是一種險惡的狀態，一種戰爭狀態，一種充滿恐懼，面臨暴死之威脅的狀態？霍布斯觀點的核心是，失去國家的控制，人類的本性將不可避免地把我們捲入嚴酷的衝突之中。對霍布斯來說，研究政治哲學的起點是研究人的本性。

霍布斯說，我們可以從兩個角度來了解人的本性。一是對自己的了解。誠實的自省使我們對人性有許多的了解：人的思想、希望和恐懼的實質是什麼。另一個角度是了解物理現象的一般規律。我們必須了解人的本性，就像了解公民(政治社會中的個體)一樣；作為一個唯物論者，霍布斯認為要想了解人的本性我們首先必須了解「物體」，或物質。他說，我們全部是由物質構成的。

---

4 《利維坦》(*Leviathan*)。引文根據 Penguin 1968 年英文版本之頁碼。C. B. Macpherson 編。譯者翻譯引文時曾參照商務印書館 1985 年出版之《利維坦》中譯本，原譯者為黎思復、黎廷弼。

　　在我們討論的範圍內，霍布斯對物質的描述中最重要的是他對伽利略「運動守恆」(conservation of motion)定律的運用。在伽利略之前，哲學家和科學家都曾被一個問題困擾：是什麼使物體持續地運動？例如，通過何種機制，一枚炮彈出膛後會持續飛行？伽利略具有革命性的回答是，這個問題提錯了。我們應當設想，物體會以同一方式沿着同一方向持續運動，直到另一個作用力施加到這個物體上。我們需要解釋的不是物體為什麼持續運動，而是物體為什麼會改變運動方向以及為什麼會停止運動。在霍布斯生活的時代這還是一種新觀點，他批駁了這樣一個流行的看法：人運動累了需要休息，物體也是一樣的。他說，事實是，「物體運動的時候會永遠運動下去，除非有他物阻止它運動。」(《利維坦》，87頁)他認為，人類也是如此。疲勞和想休息只是因為我們受到另一種不同的運動方式的作用。

　　於是，運動守恒定律就被霍布斯用來提出一種唯物論、機械論的人類觀。《利維坦》序言中列出了這一理論的大綱：「心臟只不過是一副發條；神經只不過是許多游絲；關節只不過是使整個身體能夠運動的許多輪子……」(81頁)。就這樣，人通過運動具有了活力。例如感覺，就是對某器官的一個「壓力」。想像是「漸次衰減的、殘留的」感覺。欲望則是「內心中朝某一目標的運動」。所有這些引文都不僅僅是比喻式的表述。

　　運動守恒論的重要性在於，霍布斯用它描繪了一幅圖畫：人總在追求着什麼，從不停息。「心靈永恒的寧靜在今世是不存在的，因為生命本身就是運動，從不會沒有欲望」(《利維坦》129-30頁)。霍布斯說，人們總在追求他所說的「福祉」(felicity)，就是不斷成功地達到欲望指向的目標。正是這種對福祉的追求會使我們在自然狀態

下陷入戰爭。最後,霍布斯認為,對死亡的畏懼會使人類建立起國家。霍布斯說,沒有國家,在自然狀態下,對福祉的追求會導致一場混戰。霍布斯為什麼這樣想呢?

從霍布斯對權勢的定義中可以找到通往答案的線索:權勢是「一個人獲取未來的某種具體利益的現有手段」(《利維坦》,150頁)。因此,為了保證對福祉的獲取,人必須有權勢。霍布斯說,權勢的來源包括財富、名望、朋友,而且人類具有「對權勢的永無止境的欲望,至死方休」(《利維坦》161頁)。這不僅是因為人類永遠不能達到徹底滿足欲望的狀態,而且因為一個人「如果不獲取更多權勢就不可能保證現有的過好日子的權勢與手段」(《利維坦》,161頁)。因為別人也要擴張他們自己的權勢,所以對權勢的追求本身就具有競爭的特性。

每個人與生俱來、永無休止的擴大權力的企圖——獲取歸自己管轄的財富和人民——將會導致競爭。但競爭並非戰爭。為什麼在自然狀態下競爭會導致戰爭呢?下一步重要的推論是霍布斯關於人類生而「平等」的假設。在政治哲學和道德哲學中,人生而平等這一假設一般會被用來證明人們應當尊重他人,互相照顧,互相關心。然而霍布斯卻用這個假設推出了很不一樣的結論。從霍布斯下面的論證可以看出來:人的平等表現在每個人都擁有大致相等的力量和技巧,因此任何人都有能力殺死另一個人。「最柔弱的人通過密謀或與人合謀也有足夠的力量殺死最強壯的人」(《利維坦》,183頁)。

霍布斯又用另一個合理的假設來支持以上觀點。他說,在自然狀態下產品(goods)會稀缺,於是兩個人如果想要得到同一種類的東西,他們追求的往往就是同一件東西。最後,霍布斯指出,在自然狀態下誰也無法防止自己成為攻擊的目標。我擁有的東西也許別人也想要,所以我必須經常保持警惕。然而即使我什麼也沒有,還是

不能高枕無憂。別人也許會認為我威脅了他的利益，而我就會輕易地遭到先發制人的攻擊。從以上關於平等、稀缺、不穩狀況的假設，霍布斯推導出的結論是，自然狀態將是一種戰爭狀態：

> 能力的均等導致欲求的均等。所以如果任何兩個人想要得到同一樣東西而又不能同時享有時，彼此就成為仇敵。在達到目的的過程中(這目的主要是保全自己，而有時只是為了尋求享樂)彼此都力圖摧毀或征服對方。這樣就會出現一種情況：一個侵犯者畏懼的只是另一個人獨自具有的力量；如果一個人培植、發展、建立或擁有了一個方便的地位，其他人就可能會準備好聯合力量前來，不但要剝奪他的勞動成果，而且要剝奪他的生命或自由。而侵犯者本人也面臨著來自別人的同樣的威脅。(《利維坦》，184頁)

霍布斯認為，更糟的是，人們追求的不僅是獲得眼下的滿足的手段，而且要追求能夠滿足未來任何欲求的權勢。因為權力聲譽本身就是權力，有的人會去攻擊那些並不構成威脅的人，目的只是為了取得自己的權力聲譽，作為對未來利益的保障。就像在學校操場上，以打架厲害出名的學生最不容易受到獵取利益者的攻擊，有些人反而會因為無法保護自己而把利益敬獻給他。(當然有厲害名聲的人也不能掉以輕心：他最可能成為那些希望擴大自己權力聲譽的人們的攻擊對象。)

總之，霍布斯認為在自然狀態下主要有三個攻擊他人的理由：為了獲取，為了安全(防範先發制人的攻擊者)，為了權力聲譽。實際上霍布斯所依據的基本觀點是，為了追求欲望的滿足，人總在不斷地試圖擴大自己的權勢(即現在擁有的獲取未來利益的手段)。考慮到下列因素——人類在體力和能力上大致均等，人們尋求的產品稀缺，誰也無法保證自己不會受到他人攻擊——我們似乎可以得出一個合理的結論：理性的人類行為將會把自然狀態變成一個殺戮戰

場。任何人都不會強壯到絕不可能受到他人攻擊；任何人也不會軟弱到在必要時也絕不可能聯合起來攻擊他人。在自然狀態下攻擊別人往往是獲取(或保存)自己所追求利益的最保險的途徑。當人們意識到這一點時就會形成攻擊他人的動機。

我們是否可以用下面的理由反駁霍布斯的觀點：對我們在自然狀態下可能遇到困境的這種描述依據的是一種假設，這假設把人性估計得過於殘忍或過於自私。霍布斯會這樣回答：你們的反駁沒有擊中要害。霍布斯說，人類並沒有殘酷到「任何人都會從別人的巨大痛苦中得到樂趣，不管是否與自己的利益相關——我並不這樣認為」(《利維坦》，126頁)。至於說到自私，霍布斯承認，人一般，即使不是永遠，都在努力滿足以自我為中心的欲望。然而引起戰爭的一個同樣甚或更主要的原因是恐懼：懼怕周圍的人會奪走你已經擁有的東西。這會促使你攻擊他人，不是為了獲取，而是為了安全，或許甚至是為了樹立權力聲譽。這樣我們就接近了下面的觀點：每個人都陷入了為自衛而攻擊他人的一場戰爭。

然而我們仍可以說，大家總在互相猜疑，總想拼個你死我活，這種看法是否有失偏頗？霍布斯承認人們也有相安無事的時候。他說戰爭狀態不是時刻在戰鬥，而是時刻作好戰鬥的準備，誰也不敢放鬆警惕。我們真像他說的那樣好猜疑他人嗎？為什麼不能假定在自然狀態下人們也會遵守這樣的格言：「自己活也讓別人活」？霍布斯說，想一想即使是在國家的權威控制下我們是怎樣生活的。當你鎖上大門的時候，你在向你的鄰居們發表怎樣的看法？你鎖上箱子和抽屜時，在向你家中的其他成員傳遞什麼信息？如果在受到法律保護的情況下我們仍是如此地猜疑，可以想像在自然狀態下我們會多麼恐懼。

現在我們或許可以説，霍布斯在講述這個有趣的故事時忽略了一樣東西：道德。儘管無恥之徒們可能會像霍布斯描述的那樣行事，但我們和他們不一樣。我們中的大多數認為，人不應當攻擊他人，掠奪他人財物。當然，在自然狀態下少數人會偷竊，會殺人，就像現在一樣，但我們有足夠多的有道德觀念的人們來阻止邪惡橫行，避免少數不道德份子把我們拖入一場混戰。

與霍布斯相反的這個觀點面臨兩個主要的問題。第一，霍布斯是否相信我們在自然狀態下仍然會有道德觀念？第二，霍布斯是否會同意，即使我們有道德觀念，在沒有國家統治的狀態下，我們對道德義務的認可是否足以抵擋侵犯他人以獲取其財物的誘惑？我們來看一看霍布斯對待第一個問題的態度。

霍布斯似乎不承認在自然狀態下道德觀念還會存在：「在這場人人相互為敵的戰爭中……不可能有任何事情是不正義的。是與非，公正與不公正，這些觀念都不存在」（《利維坦》，188頁）。霍布斯的理由是，不公正包括違反某條法律，但法律存在的條件是必須有一個立法者，一個能實施法律的共同權力。在自然狀態下沒有共同權力，所以沒有法律，所以沒有對法律的違反，所以也就無所謂不公正。每個人都有「運用自己的力量……保全自己的天性，也就是保全自己的生命……的自由。因此，他有權憑藉自己的判斷和理念使用他認為最合適的手段去做任何事情的自由」（《利維坦》，189頁）。霍布斯説，這樣一來的後果之一就是「在這樣的情況下每一個人對每一個事物都具有權利，甚至對彼此的身體也是如此」（《利維坦》，190頁）。霍布斯把以自己認為合適的方式保全自己的自由稱作「自然權利」：它的後果似乎是，在自然狀態下你被允許做任何事情，包括奪取他人的生命，只要你認為這樣做有利於保全自己。

　　霍布斯為什麼如此走極端，主張在自然狀態下每個人都有按自己認為合適的方式行事的自由？也許霍布斯的觀點並不是那麼偏激。我們很難否定這樣的看法：人們在自然狀態下有權自衛。承認這一點，下面的觀點看來也能成立：一個人必須靠自己的理智來判斷什麼構成了對自己的威脅，並進一步確定面臨這一威脅時採取哪一種最恰當的行動。誰也不應該因為採取行動進行自衛而受到指責。既然先發制人是自衛的一種形式，那麼侵犯他人往往就可以被看作是最合理的自衛形式。

　　這就是對霍布斯觀點的一個初步的簡述。在自然狀態下沒有有正義或非正義，也沒有是與非。道德觀念行不通。這就是霍布斯說的「自然權利」(natural right of liberty)。但下面我們會看到，霍布斯的觀點的確會暴露出更多的矛盾。

　　除了自然權利之外，霍布斯又提出，在自然狀態下還存在着「自然律」(laws of nature)。第一條「基本自然律」是：「只要有求得和平的希望時，每個人就應當力求和平；在無法求得和平時，他可以尋求戰爭並利用戰爭的一切助力和有利條件」(《利維坦》，190頁)。霍布斯的第二自然律要求我們放棄我們對一切事物的權利，條件是別人也願意這樣做；每個人應當「滿足於相當於自己允許他人對自己所具有的自由權利」(《利維坦》，190頁)。第三自然律是必須信守所訂立的一切信約，這一條對於霍布斯後來為國家作辯護而提出的社會契約論具有特別重要的意義。事實上霍布斯提出了總共19條自然律[5]，涉及正義、財產、感恩、自傲以及其他與道德行為有關的方面。霍布斯認為，所有這些自然律都可以從那一條基本自然律

5 Laws of Nature，中文譯本中也譯作「自然法」。

推演出來，儘管他知道實際上很少有人會去思索這一推演，因為多數人都「忙於糊口，其餘的人由於過於疏忽而無法理解(它)」(《利維坦》，214頁)。然而自然律可以被「精簡為一條簡易的總則……己所不欲，勿施於人」，這是把聖經中的「黃金律」(己所欲，施於人)顛倒過來了。

　　自然律因而可以被方便地稱作道德法。然而如果霍布斯打算把他的自然律當作管理自然狀態的一套道德規範，似乎就違背了他先前的說法：在自然狀態下沒有是非之分。另外，如果人們願意遵守道德法規，自然狀態就安寧得超出了霍布斯所定義的範圍。霍布斯不是將自然律當作道德規範，而是當作定理或是推理得出的結論。就是說，霍布斯認為，遵循這些定律能使每個人都更好地保全自己的生命。

　　然而這又引起了另外一個問題。基本自然律告訴我們，追求和平是理性的行為。但霍布斯已經論證過，自然狀態是一種戰爭狀態，因為在自然狀態下侵犯別人是理性行為。霍布斯怎麼能說理性既讓我們打仗，又讓我們尋求和平呢？

　　我認為，答案在於我們必須區分個人理性和集體理性。集體理性指的是在所有人都會同樣行事的條件下，怎樣做對每個人最有利。自然律表達的是集體理性。我們可以用薩特(Jean-Paul Sartre)舉的一個例子來說明集體理性與個人理性的區別。一伙農夫在一面陡山坡上各種了一塊地。他們一個個都先後意識到，砍掉自己地裏的樹木能夠增加可用的耕地，種更多莊稼。於是他們都把自己地裏的樹木砍掉了。但後來的一場大暴雨沖走了山坡上的土壤，毀壞了田地。我們可以說，個人理性使每個農夫砍掉樹木，增加耕地。(只砍一塊田裏的樹不會造成太大的土壤流失。)但從集體的角度看這是一

場災難，因為如果大家都砍掉自己田裏的樹每個人的田就都被毀了。所以集體理性認為應當讓大多數——如果不是全部——樹木都留在田裏。

這類案例(文獻中稱為「囚犯難題」[6])有一個有趣的特點：當個人理性與集體理性相矛盾的時候，人們很難為實現集體理性的判斷而合作。每個人都想「背叛」集體去從事個人理性所支持的行為。假設農夫們理解了他們面臨的局勢，因而同意停止砍樹。但某一個農夫會想，砍掉一些樹可以增加自己的收穫(前面說過，砍掉一塊田裏的樹木不會造成太大的土壤流失)。可是一人這樣想，人人就都可能這樣想。每個人都會為個人利益而砍掉自己地裏的樹。即使他們訂立了協議，每個人還是有充份的理由違反協議。所以集體理性是不穩定的，個人會背叛集體，即使他們知道每個人都背叛會造成什麼後果。

在上述推理的基礎上，我們可以從這樣的角度來理解霍布斯的理論：在自然狀態下符合個人理性的行為是攻擊他人(原因已經說過)，這就會導致戰爭狀態。但是，霍布斯的自然律告訴我們，戰爭狀態並不是一種必然的人類相處的方式，因為還有另一個層次的行為——集體理性行為——可供人們選擇。只要我們能夠以某種方式上升到集體理性的高度並遵守自然律，我們就能生活在沒有恐懼的和平之中。

---

6 囚犯難題，指兩個單獨監禁的犯人，其中一人若招供會獲得寬大，而另一人則會被重罰。若兩人相互信任，都不招供，就都只會受到最輕的處罰。每個囚犯都面臨在「個人利益」和「集體利益」之間的抉擇。

現在的問題是，霍布斯是否相信，在自然狀態下每個人都有遵守自然律的責任；如果是這樣，那麼他是否認為，這種責任感就足以促使他們遵守自然律。霍布斯的回答是微妙的。他說，自然律在內心範疇內(in foro interno)有約束力，但在外部範疇內(in foro externo)並不永遠有約束力。他的意思是，我們所有的人都應當期望這些自然律生效，在思考問題時應當重視自然律的規限；然而這並不意味着我們在任何情況下都應當永遠恪守自然律。假若周圍別的人不履行自然律，或是像在自然狀態下經常出現的情況那樣，我有充份的理由懷疑別人會違反自然律，那麼我一個人履行自然律就是愚蠢的、自招禍患的行為。假若某人在這樣的情況下仍然恪守自然律，他就會「讓自己做了別人的犧牲品，必然會給自己帶來禍害」(《利維坦》，215頁)。(現代博弈論的術語把如此行事的人稱作「蠢人」！)

總之，霍布斯的看法是，當我們知道(或有理由認為)周圍的人們在履行自然律，我們就有責任遵守自然律，這樣我們對自然律的信守就不會被別人利用。然而假如我們處在一個不安全的地位，尋求和平以及按照道德準則行事將必然給自己招禍，此時我們就可以「利用戰爭的一切有利條件」。霍布斯的本意似乎並不是說在自然狀態下道德觀完全不起作用，而是說在自然狀態下人們相互間的猜疑和懼怕嚴重到如此程度，以至於我們往往都有理由不履行自然律。只有在確信周圍的人們也會遵循道德規範的時候，我們才應當按道德準則行事。然而這種情況在自然狀態下極為罕見，所以自然律實際上幾乎從未得到實行。

霍布斯看到解決這一難題的一個方法：樹立一個將會嚴厲懲罰違背自然律者的「主權者」(sovereign)。如果這個主權擁有者能夠有效地促使人們履行自然律，這時，而且只有在這時，誰也不會再有

理由懷疑別人要攻擊他。在這樣的情況下人們再也沒有攻擊他人的借口。霍布斯說，國家的最大好處是它創造了必要的條件，使人們能夠安全地遵守自然律。

在本節的末尾我們可以回顧一下霍布斯關於自然狀態的觀點。在自然狀態下每個人都有理由懷疑他人。而這種猜疑不僅僅是自私或惡意，它會導致一種人人為利益、安全和聲譽而相互攻擊的戰爭。這是一場自我燃燒、永無休止的戰爭，因為對暴力行為的有理性的猜疑導致持續不斷、愈演愈烈的暴力。在這樣的狀態下，生活是痛苦的，人們不僅備受恐懼的折磨，而且缺乏物質上的享受和生活福利的來源。既然誰也無法確保自己的任何財產不被人剝奪，那就很少有人會去種植或耕作，很少有人願意從事任何長遠的事業。人們都將在艱難求生和相互廝殺中度過一生。在這種條件下藝術和科學絕無可能得到發展和繁榮。人在世上度過的短暫時光也將沒有多少意義和價值。

洛克

> 儘管有些人把自然狀態與戰爭狀態混為一談，但這兩者之間的區別之大正像和平、善意、互助和安全的狀態與敵對、惡意、暴力和互相殘殺的狀態一樣迥然不同。(約翰‧洛克：《政府論》下篇，280頁)[7]

洛克(John Locke)寫上面這段話時(發表於1690年)是否明確地針對著霍布斯，這個問題有待學者們去考證。洛克公開批駁的是羅伯

---

7 《政府論》(上下篇)(*Two Treatises of Government*)。引文根據 Cambridge University Press, student edn., 1988 版本。譯文參照商務印書館1986年譯本，原譯者為葉啟芳，瞿菊農。

特‧菲爾麥爵士(1588-1653)的觀點[8]。菲爾麥是「君權神授論」的辯護者——認為君主的統轄權是上帝賜予的。然而我們不能不承認，在若干觀點上洛克似乎是在與霍布斯辯論。洛克肯定細讀過霍布斯的著作。下文中對他們兩人關於自然狀態的論點的比較能使我們更清楚地了解他們各自的觀點。

前面說過，霍布斯認為自然狀態就是戰爭狀態，而洛克則明確指出這個觀點是錯誤的。洛克說，一般說來，即使在沒有政府的情況下人們也可能維持一種過得去的生活。我們要問的是，洛克得出這一結論的依據是什麼？或者說，根據洛克的看法，霍布斯是怎樣陷入謬誤的？

我們還是從頭說起吧。洛克說，自然狀態，第一，是一種完全自由的狀態；第二，是一種平等的狀態；第三，它受自然律的約束。當然，從字面上看來這正是霍布斯的看法，但這三個觀點全都被洛克注入了不同的解釋。霍布斯的平等原則指的是一切人在智力和體力上均等，而洛克所理解的平等原則卻是對人的權利提出的道德要求：任何人都沒有與生俱來的統治他人的權利。這一論斷顯然針對着包括菲爾麥在內的那些人，他們贊同封建主義的「天然等級制」觀點，認為這個等級制的最高統治者是一個由上天委派的君王。菲爾麥說，上帝委派亞當做第一任國王，而現代君王的統轄權也都來源於上帝最初的授權。洛克則認為，任何人都不是天然地擁有統治權，這是不證自明的道理，因為誰也沒有得到過上帝的委派。儘管霍布斯提出平等原則時並不包含這一層意思，但在這一點

---

8 羅伯特‧菲爾麥，Robert Filmer (1588-1653)，英國政論家，曾被查理一世封為爵士。

上他也會贊同洛克的看法。霍布斯認為，不管是誰，只要他實際上執掌着統治一個區域內的民眾的權力，他就應當因此而被看作是這些民眾的主權者。

然而，對於自然律的性質和內容，霍布斯和洛克的看法卻存在着較大的分歧。霍布斯的基本自然律就是：只要大家都在尋求和平，每個人就應當力求和平；如若不然，就應當利用戰爭的一切有利條件。這一條，加上霍布斯的另外十八條自然律，構成了所謂「理性定律」。洛克也相信人們運用理性能夠發現自然律，但洛克的自然律中包含霍布斯自然律中所沒有的神學內容。洛克説，自然律就是，誰也不應當對另一個人的生命、健康、自由、財產造成損害。因為，據洛克説，雖然在人間誰也不是天生的統治者，但在天堂卻有一位這樣的主宰。換言之，我們都是上帝創造的生靈，是他的財產，降生到人世來做他的僕人，「他要我們存在多久就存在多久，而不由我們彼此之間作主。」因此，「每一個人……都必須保存自己，不能擅自改變自己的地位；基於同樣理由，當他保存自身不成問題時，就應該盡其所能保存其餘的人類」。[9]在洛克看來，自然律的含義就是人類應當盡力保存自己。因此，洛克説，在自然狀態下我們明確的職責是不要殺害他人(除非為了自衞這種有限的目的)，而且在不傷害自己的前提下我們甚至有責任幫助別人。

顯然，霍布斯與洛克對自然律的性質和內容的理解大相徑庭。他們在使用「自然自由」(natural liberty)這個詞彙時存在着更大的分歧。如前所述，霍布斯所説的「自然自由」指的是：我們為有利於保全自己生命而採取的任何行動往往都是完全合乎理性，不應受到

---

9 約翰·洛克，《政府論》下篇，271 頁。

道德譴責的，即使這樣做意味着傷害無辜。洛克卻有很不相同的看法，他認為，雖然自然狀態「是自由的狀態，但卻不是放任的狀態……自然狀態有一種為人人所遵守的自然法對它起着支配作用。」(約翰·洛克：《政府論》下篇，270-1 頁)

因此，在洛克看來，自然自由只是在自然律允許範圍內行事的自由。也就是説，我們被賦予的自由只是在道德允許的範圍內行事的自由。例如，儘管洛克的自然律禁止我們侵犯他人的產業，但這並不構成對我的自由權的限制。洛克當然會反對霍布斯這樣的看法：在自然狀態下每一個人對每一個事物都具有權利，甚至對彼此的身體也是如此(雖然霍布斯也承認人們擁有重要的自衞權)。[10]

霍布斯與洛克之間的這些分歧足以支持洛克關於「自然狀態不一定是戰爭狀態」的論斷嗎？在洛克看來，重要的是，即使在自然狀態下，我們依然有約束自身行為的道德責任。然而僅憑這一點似乎不足以證明在自然狀態下不存在恐懼和猜疑。而根據霍布斯的推理，恐懼和猜疑很可能足以使自然狀態陷入戰爭。為了避免這一後果，洛克提出，我們不僅應當要求人們用道德觀念來規範自然狀態，而且在某些情況下人們還要按照自然律的引導來行事。

這樣洛克就提出了一個反對霍布斯悲觀主義結論的策略。霍布斯説，人類被追求「福祉」(對欲望的持續滿足)的動機所驅使。而正是對福祉的追求，至少在最初階段，使人們陷入相互間的衝突。如果霍布斯錯誤地理解了人類的動機——如果人類，比如説，真的具有強烈的利他主義傾向——那麼和平就很容易實現了。這可以是引向洛克的結論的一條思路。洛克真是這樣想的嗎？在《政府論》裏

10 參見《利維坦》190 頁。

洛克並沒有明確提出一個關於人類動機的理論，但我們可以清楚地看到，他認為人類不會自動地按照道德規範行事。他的觀點其實已經相當接近霍布斯：「自然法和世界上有關人類的一切其他法律一樣，如果在自然狀態中沒有人擁有執行自然法的權力，以保護無辜和約束罪犯，那麼自然法就毫無用處了。」(約翰・洛克：《政府論》下篇，271頁)換言之，像所有法律一樣，自然法也需要一個執法人。沒有執法人，自然法就毫無用處。

霍布斯完全可以接受這樣的看法：在自然狀態下他的自然法沒有效用。然而與霍布斯不同的是，洛克不能同意自然法無效的觀點：在洛克看來，自然法總歸是上帝制定的法律，上帝不會做無效的事情。因此一定會有一種執行自然法的方式：某人一定擁有執行自然法的力量。然而在自然狀態下人人都是平等的，所以一個人若是擁有這樣的力量，那麼每個人就都擁有這樣的力量。因此，洛克說，必須有一種自然權利，每個人都擁有這一權利，用它來懲罰那些違犯自然法的人。每個人都有權懲罰那些傷害他人生命、自由或財物的人。

懲罰的權利不等於自衛的權利。這一權利不僅僅是用來避免或防止某一具體的傷害事件，而且是用來迫使每個違犯了自然法的人為自己的違法行為付出代價。這一觀點被洛克稱作「奇怪的學說」，它在洛克自然狀態觀的構想中起着非常重要的作用。如若自然法能被執行，我們就有充份的理由希望人類能夠過上相對和平的生活。違法者會因受到處罰而付出代價，這樣還能限制和阻止違法者以及其他人重蹈覆轍：「處罰每一種犯罪的程度和輕重，以是否足以使罪犯覺得不值得犯罪，使他知道悔悟，並且儆戒別人不犯同樣的罪行而定。」(約翰・洛克：《政府論》下篇，275頁)重要的是，

這種執行懲罰的自然權力並不單是屬於被傷害的個人。如果它僅僅屬於被傷害者，那麼犯謀殺罪的凶手顯然就可以逃脫懲罰了。然而更重要的是，受害者也許沒有足夠的力量或權力來制服罪犯，執行懲罰。洛克於是提出，觸犯法律的人對我們每個人都是一種威脅，因為他們具有破壞我們的和平與安寧的傾向，所以處在自然狀態中的每個人都被授予了洛克所説的：「執行自然法的權力」。在洛克看來，守法的公民們被犯法者激怒，他們會聯合起來，與受害者一道將罪犯繩之以法。他們聯合在一起便有足夠的力量來執行這一任務。

洛克意識到，人人都有處罰犯法者的自然權利這一説法也許會使人感到驚訝。但他提出了下面這一觀點來支持自己的論點：沒有這種自然權利，我們就難以想像一個國家的主權者怎麼有權處罰並未認可該國法律的外國人。如果這個外國人沒有表示贊同該主權者制定的法律，那麼他就沒有承認他若是觸犯了這種法律就應當受到懲罰。因此，處罰這個人就是不公平的，除非有某種自然的處罰權。主權者與外國人實際上處在自然狀態之中，因此不是這個國家的法律，而是「執行自然法的權力」批准了主權者的行為。(事實上本書下一章將會提到，洛克運用了一個更明確的策略來解釋主權者的權力：外國人默認了法律。)

如果自然律是可以執行的，那麼即使是在自然狀態下，一系列其他權利也可以得到保障。在洛克看來，這些權利中最重要的是私有財產權。我們可以推測他將以何種基本形式來論證。上帝讓我們來到世上，他當然不會讓我們到世上來挨餓。如若我們沒有享用像蘋果和橡樹果之類物品的權利，我們仍會餓死。更進一步説，如果個人能夠有保障地擁有耕地，並有權排斥其他人佔有這塊耕地，我們就能活得更好。因為這樣我們就能在田地上耕作，並保證能享有

自己收穫的果實。(第五章將詳細討論這一問題。)

洛克這樣頻繁地從上帝和上帝的意願那裏尋找依據,在現代讀者看來實在是一件尷尬的事情。難道就不能離開神學的框架來討論政治哲學的問題嗎?然而,在為自己的論證設置前提時,洛克也曾求助於「自然理性」(natural reason),儘管只是將它放在次要的地位。例如他說,如果認為人們不得到全體人類的共同許可就不能利用土地,那就太荒謬了,因為果真如此我們就都會挨餓。這另一種論證聽起來當然有理,所以洛克的一些追隨者就可能放棄洛克的觀點中的神學依據,而轉向這種「自然理性」的思路。

現在回到我們討論的主題。我們說到,霍布斯和洛克之間的主要分歧是,洛克認為即使在自然狀態下也存在着一個可以執行的、有效的道德法,這個法以自然懲罰權為後盾;而霍布斯則會十分懷疑洛克的觀點。我們可以想像霍布斯會怎樣反駁洛克。在霍布斯看來,降服一種力量的唯一途徑是用更大的力量來對付它。我們可以聯合起來制服一個罪犯,讓他付出代價,並防止類似事件發生。但後來這個罪犯——他很可能是個蠻不講理的人,有一幫蠻不講理的朋友——會糾集一夥人,帶着武器,回來報仇。這一想法可能會給那些打算運用自己的「自然法執行權」的人們潑冷水。如果你不想招惹麻煩,現在就不要多管閑事。霍布斯也許會辯解說,即使人們的確有懲罰犯法者的權利,他們也很難有效地運用這一權利,除非存在着一個獨立無二的、穩定的權威:例如,一個部落或一個羣體中公認的領袖,他有權對爭議作出評判,並執行裁決的結果。不過這已經是一個國家的雛形了。因此,在自然狀態下即使人們有懲罰權,也無法憑藉它來有效地保障和平。

然而,我還沒有提及霍布斯與洛克之間的一個似乎是最關鍵的

分歧。前面説過，在霍布斯看來，引起人與人之間衝突的一個最重要的原因是物品的天然短缺。兩個人常常想得到同一樣東西，這就使他們成為敵人。但洛克似乎作出了完全不同的估計：自然的賜予是豐厚的。自然提供了廣袤的土地，給每個人都提供了廣闊的空間，尤其是「在世界初期，人們在當時的曠野上所遭逢的離羣即無法生活的危險，大於因缺少土地進行種植而感受的不便。」(約翰·洛克：《政府論》下篇，293頁)因此，洛克的意思是説，在這樣的條件下，沒什麼緣由會使人們相互發生衝突和爭鬥。多數人應當是更情願種自家的田而不是佔鄰居的地，所以人們可以在比較平和的氣氛裏生活，很少有什麼事會引起爭端。如果這一推理成立，那麼，在自然狀態下和平能夠得到保障，不僅是因為人們有執行懲罰的自然權利，而且同樣重要的是，因為人們很少用得着行使這一權利。

這樣的推理站得住腳嗎？霍布斯肯定會説，土地的廣闊並不能免除生產出來的可消費物品的短缺。盜竊別人的產品總比自己費力去耕田、播種、收割要省事得多。再説，如果別人也有類似的想法，那麼我耕種自己的田地只是浪費時間，因為如霍布斯所説，我生產的一切都會被別人佔有。洛克若要駁倒這一看法，要麼必須證明懲罰的自然權利可以被有效地運用，要麼就必須證明人類有強烈的遵守道德規範的動機。不然的話，少數反社會的成員就會攪得世界雞犬不寧。

洛克實際上已經接近於承認，自然狀態並不像他當初設想的那樣安寧。他畢竟還須留意不要把自然狀態描繪得像田園詩般美妙，因為那樣一來，他就無法解釋為什麼我們要放棄自然狀態而創造出國家來取而代之。洛克認為最大的問題在於對法律的執行。更容易

引起爭議的不是財物，而是法律要求我們做什麼。換言之，人們會在對自然法的解釋上發生爭議。人們會爭論某行為是否違犯了法律。他們會爭論處罰和賠償是否恰當。他們也許沒有足夠的力量來執行他們認為恰當的處罰。所以，即使在願意遵守法律的人們之間，執行法律的願望也會成為引起分歧的重要動因。洛克認為這正是自然狀態的主要「缺陷」。在最初土地廣袤的條件下人們很少會發生爭端，惟有在這樣的假定之下，世上才不會有重大衝突。

然而洛克意識到，土地最初的廣闊最終也會變為稀缺：並非由於人口的大量增長，而是由於人們的貪婪和貨幣的「發明」。在發明貨幣之前，誰也沒有必要佔據超過養活自己一家人所需的土地。假如你生產出的物品自己消費不了，它們就會腐爛毀壞，除非你能用它們換回更能長久保存的東西。自從出現了貨幣，這種交換就變得相當便利，一個人就有可能聚集大量貨幣而不必擔心它會腐爛。這使得人們耕種更多土地，以生產可以出售的物品。洛克認為，這樣一來，人們對土地的需求增加，而且僅僅是因為這個原因，土地就變得稀缺了。洛克並沒有說，是土地的稀缺引起了霍布斯說的戰爭狀態。但他承認，土地一旦稀缺而且變成爭搶的對象，自然狀態的缺陷就會變得越來越大。此時就亟待建立一個公民政府(civil government)。所以，即使在洛克看來，最初平和安定的自然狀態最終也會變得無法維持了。

盧 梭

研究過社會基礎的哲學家們，都認為有追溯到自然狀態的必要，但是沒有一個人曾經追溯到這種狀態。……所有這些人不斷地在講人類的需要、貪婪、壓迫、欲望和驕傲的時候，其實是把從文明社會裏

得來的一些觀念搬到自然狀態上去了；他們論述的是野蠻人，而描繪的卻是文明人。(盧梭：《論人類不平等的起源和基礎》，50 頁)[11]

有一個方法可以避免霍布斯得出的對自然狀態的悲觀結論，那就是從不同的前提出發。具體地說，如果我們採用另一種關於人性和人類動機的理論，沒有國家的生活就可能會有美好得多的前景。霍布斯說，人們不斷地尋求福祉，要追求能夠滿足未來任何欲求的權勢。這一點，加上在資源稀缺條件下人們相互間的疑懼，引出關於戰爭狀態的推論。然而假若霍布斯的推論是錯的；假若人們出於天性自覺地願意在可能的情況下相互幫助；假若人們不是為生存而相互爭鬥，而是為共同的利益而攜手行動，那麼，自然狀態就會是很不一樣的情景了。

儘管盧梭沒有對人類善良的天性作出以上那樣樂觀的假設，但他的觀點已經朝這個方向邁出了一大步。像霍布斯和洛克一樣，盧梭也認為人類行為的根本動機是保存自己。但他認為事情並非到此止步了。霍布斯和洛克忽略了人類動機的一個核心部份——憐憫與同情心——所以他們過高估計了人類在自然狀態下發生衝突的可能性。盧梭相信，我們「看見自己的同類受苦天生就有一種反感。」他又說，這種美德「是那樣自然，連禽獸有時也會顯露出(這種美德的)一些跡象。」(《論人類不平等的起源和基礎》，73 頁)

盧梭說，憐憫心有力地抑制着導致人們相互爭鬥和殘殺的衝動。

正是這種情感(憐憫心)，使我們不假思索地去援救我們所見到的受苦的人。正是這種情感，在自然狀態下代替着法律、風俗和道德，而

---

11 盧梭：《論人類不平等的起源和基礎》(*Discourse on the Origin of Inequality*)。引文頁碼根據 *The Social Contract and Discourses*, ed. G. Cole, et al. London: Everyman, 1973 年。譯文參照商務印書館 1982 年譯本，原譯者李常山。

> 且這種情感還有一個優點，就是沒有一個人企圖抗拒它那溫柔的聲
> 音。正是這種情感使得一切健壯的野蠻人，只要有希望在別處找到
> 生活資料，絕不去掠奪幼弱的小孩或衰弱的老人艱難得來的東西。
> (盧梭：《論人類不平等的起源和基礎》，76頁)

盧梭毫不懷疑，被現代社會塑造和腐蝕過的人們如果處在自然狀態
之中，他們一定會像霍布斯描述的那樣行事。但霍布斯和洛克兩人
都把「社會人」(或者說，是資產階級社會中的人)的品格移到了野蠻
人的身上。也就是說，他們把社會化的人性描繪成了自然的人性。

　　盧梭據此提出了第二個觀點。明白了野蠻人的行為方式——以
自我保存和憐憫心為動機——自然狀態就顯得和霍布斯描述的情形
大不一樣了，在某些方面它甚至強於文明程度更高的狀態。這並不
等於說，盧梭在鼓吹返回自然狀態，因為被社會腐蝕和軟化了的我
們無法適應那樣的狀態。然而在盧梭看來，人類的文明化仍是一種
遺憾。盧梭對人類的進化持有一種極端的，而且極為悲觀的看法。
他寫的關於教育的論著《愛彌兒》是這樣開頭的：「出自造物主之
手的東西都是好的，而一到了人的手裏，就全變壞了。」[12]他更早的
一篇論文《論藝術與科學》說，藝術和科學的發展不是淳化而是腐
蝕了人類的道德。

　　然而必須說明的是，盧梭的關於人類天生受到憐憫與同情心驅
動的說法，很不同於上一節裏談及的洛克的觀點：在自然狀態下人
類經常會尊重彼此的權利。和霍布斯一樣，盧梭也認為，自然狀態
中沒有法律、權利、道德等概念的位置。所以盧梭肯定不認為我們
生來就有遵守道德法的動機。但與霍布斯和洛克不同的是，盧梭宣

---

12 盧梭，《愛彌兒——論教育》。譯文參照商務印書館1978年譯本，原譯者李平
　漚。

稱，我們一般會避免傷害他人，不是因為我們認為傷害別人不道德，而是因為我們對傷害人感到厭惡，即使受傷害的不是我們自己。我們天生就同情他人，看到別人受苦我們就感到難受。所以如有可能我們會採取行動避免讓他人受苦。

相互同情是人類的天性，這肯定是說得通的。但這一點就足以在沒有政府的狀況下防止戰爭嗎？問題在於，盧梭說過，自然人有兩個動機——自我保存和同情他人，而看起來這兩個動機之間很可能產生矛盾。假若另一個人擁有我認為缺了它我就無法生存的東西，而我要得到它就必然會傷害他人，那麼，我——或者說是野蠻人——會怎麼做？任何人都不會把一個陌生人的利益看得比自己的生存更重要。因此，在物品缺乏的情況下，人的同情心也會減弱。盧梭多數也承認這個道理。憐憫心使野蠻人不去搶劫弱者和病人，但前提是別處可以找到生存資料。然而如果這一前提很難得到保證呢？或許我們在物資匱乏的時候會感受加倍的痛苦。不僅因為我們處在戰爭狀態，而且由於我們會為傷害同類而內疚。然而問題的癥結是，在物資匱乏的情況下人的自然同情心似乎不足以免除戰爭的威脅。

盧梭試圖解決這個難題，他的辦法是設想野蠻人沒有多少需求。而且，人們靠打獵和採集就可以滿足這些需求而不必從別人手裏強奪。這不是因為自然賜予了充足的資源，而是因為，按照盧梭的說法，野蠻人是獨來獨往的動物，相互間很少發生聯繫。實際上連家庭都不存在。盧梭認為，野蠻人的子女一到能夠自己求生存的年齡就會離開母親，而且男女之間沒有長期結合的關係。憐憫心這種感情不足以產生家庭紐帶。

盧梭認為野蠻人過着孤獨生活，部份的原因是大自然使他們天

生具有單獨生活的能力。野蠻人身體強健,動作敏捷,不僅在體魄上與野生動物相匹敵,而且一般不會生病(盧梭認為疾病是耽於享樂和不健康的習慣造成的)。野蠻人的欲求只是食物、性滿足和睡眠。他們懼怕的只是飢餓和疼痛。

天生的孤獨使野蠻人沒有尋求「榮耀」或聲望的動機,因為他們對別人的看法不感興趣。盧梭説,在這一階段野蠻人還沒有創造出語言,很難有機會來形成和表達意見。同樣,野蠻人也沒有權力欲望。前面提到,霍布斯給權力下的定義是「當前具有的滿足未來欲求的手段」。但盧梭爭論説,野蠻人沒有什麼遠見,他們甚至預想不到未來會有什麼欲求,更不會去尋求滿足這些欲求的手段。盧梭將野蠻人比做現代加勒比人,他們「早上賣掉棉褥,傍晚再哭着將它買回,全不能預見當天晚上還要用它。」(《論人類不平等的起源和基礎》,62頁)因此,霍布斯所説的引起戰爭的所有動因——掠取財物、尋求安全、獲得功名的欲望——在盧梭描述的自然狀態中都消失了,或是從來就沒有存在過。

儘管盧梭的自然狀態比較平和,卻似乎並不是一幅美好的景象。盧梭所説的野蠻人可能是百獸之王,但從他的描述中可以看到,他們和別的野生動物並沒有太大的區別。盧梭説,野蠻人「這種動物,並不如某些動物強壯,也不如另一些動物敏捷,但總的説來,他的構造卻比一切動物都要完善。」(《論人類不平等的起源和基礎》,52頁)如果這些就是我們在自然狀態下能得到的全部好處,為什麼盧梭要為我們進入了一個更文明的時代而遺憾呢?另外,我們很難想像這樣的過渡會有可能發生。在盧梭描繪的情景中什麼動力會導致社會的演變?即使是假設,我們也很難説清,人類怎樣從那樣的社會演變成今日的社會。

盧梭自己也承認，他所說的不過是一種「對可能性的推測」，因為這一演變可以通過許多方式發生。我們還須承認，盧梭在這一方面的推測也不都是入情入理。然而問題的關鍵在於盧梭提出的這樣一個想法：人類具有不同於野獸的兩個特點——自由的意志和自我改善的能力。下面將會提到，盧梭認為這後一種能力是所有人類進步和人類禍患的根源。

我們所描述的自然狀態深深植根於史前人類的歷史之中：那是「野蠻人」生活的情景，他們「漂泊於森林中，沒有農工業、沒有語言、沒有住所、沒有戰爭、彼此間也沒有任何聯繫。他對於同類既無所需求，也無加害意圖，甚至也許從來不能辨認他同類中的任何人。」(《論人類不平等的起源和基礎》，79頁)人類通過第一次運用自我改善的能力，開始了走向文明的進程：在求生存的鬥爭中創造了工具。根據盧梭的說法，這場鬥爭是由人口的增加引發的。有趣的是，盧梭把創造，而不是霍布斯所說的競爭，看作人類對物資稀缺狀況作出的主要反應。盧梭依據的或許是這樣的觀點：野蠻人天生就厭惡傷害同類，所以多數人更願意靠自己的勞作取得生活必需品，而不是從同類手裏搶奪。通過創造來減輕工作的勞累——製造工具——最初正是它喚醒了人類的榮耀感和智慧。

另一項發明是合作的觀念：共同的利益促成了集體行動，比如組成狩獵小組。聚集而居，建造共同生活的土屋和房舍，這種生活方式越來越顯示出優越性。在新環境下生活的習慣，「使人產生了人類所有情感中最溫柔的情感：夫婦的愛和父母的愛。」(盧梭，《論人類不平等的起源和基礎》，88頁)

在新的生活條件下，出現了另一個新事物：閑暇。合作與工具的製造有效地克服了物資稀缺的狀況，從而使人類能夠生產出超過

維持生存所需的物品。於是野蠻人開始創造他們的前輩聞所未聞的
供享受的物品。然而「這是人們無意中給自己戴上的第一個枷鎖，
同時這也就是給他們後代準備下的最初的痛苦的根源。(《論人類不
平等的起源和基礎》，88頁)」為什麼？因為人類從此發明了一樣東
西，我們可以稱之為「腐敗的需求」。盧梭講了一個我們熟悉的、
可能發生的故事。起初只當作奢侈的享受，後來我們逐漸離不開它
了。擁有這奢華時我們沒有感受到多少快樂或是渾然不覺，但失去這
奢華卻會毀掉我們的生活──雖然當初沒有它時我們生活得很好。

由此又產生了一系列其他消極因素：社會在進化，語言也在發
展，從而帶來了對人的才能進行比較的機會。由此產生了榮耀、羞
恥和妒忌等情感。人們第一次把侵害當作了凌辱，當作了侮慢，而
不僅僅是一種傷害。而被傷害者就開始尋機報復。當自然狀態開始
演進的時候，糾紛與爭執就被誘發了。然而即使如此，盧梭仍說這
是最幸福和最安定的一個時期，是「人世的真正青春，」是恰恰處
於介乎野蠻人天生的懶散愚昧和文明人愈演愈烈的驕縱之間的一個
時期。(《論人類不平等的起源和基礎》，91頁)

儘管這是一個安定的時期，它卻不可能萬世長存。在農業和冶
煉術艱難而漫長的發展過程中，社會真正開始腐敗了。從這裏往前
跨一小步就到了對私有財產和法制提出要求的時代。但私有財產導
致了相互依賴、嫉妒、不平等，以及對窮人的奴役。最後：

> 平等一被破壞，繼之而來的就是最可怕的混亂。這樣，因為富人的
> 豪奢、窮人的搶劫以及一切人毫無節制的情慾，扼殺了自然憐憫心
> 和還很微弱的公正的聲音，於是人變得慳吝、貪婪和邪惡。在最強
> 者的權利和先佔者的權利之間發生了無窮盡的衝突，這種衝突只能
> 以戰鬥和殘殺而終結。新產生的社會讓位於可怕的戰爭狀態。(《論人

類不平等的起源和基礎》，97頁)

　　人類就這樣進入了戰爭狀態：它不是最初的愚昧時期的產物，而是初期文明社會的產生帶來的後果。在這一階段：「為情勢所迫，富人終於想出了一種最深謀遠慮的計劃，這種計劃是前人從來沒有想到過的，那就是：利用那些攻擊自己的人們的力量來為自己服務。」(《論人類不平等的起源和基礎》，98頁)這計劃的目的當然是制定公正的社會規則來保障和平：這些規則對所有的人都具有平等的約束力，但卻對富人有利得多，因為究竟是他們才有財產需要保護。就這樣，第一個文明社會——有法律和政府的社會——誕生了。(本書第三章將談到盧梭認為最初的這些文明社會是遠不夠完美的。)我們再次看到，文明社會的出現被認為是人類在自然狀態下對戰爭和戰爭邊緣狀態的反應。

無政府主義

> 廢棄法律！罷免法官！只有自由，平等和務實的人類同情才是抵擋我們當中某些人的反社會本能的有效屏障。(彼德‧克魯泡特金，《法律與權威》，收於《無政府主義文集》)[13]

　　即使是相信人類生來善良的盧梭也認為，沒有政府的生活最終將是無法忍受的。但是，有些無政府主義者則試圖推翻這個結論。瑪麗‧沃斯通克拉夫特的丈夫威廉‧古德溫的看法與盧梭有兩點不同。[14]第一，人類在「達到完美境界時」不僅不會侵犯別人，而且

---

13 Peter Kropotkin, *Law and Authority*, repr. in *The Anarchist Reader*, p 117.
14 瑪麗‧沃斯通克拉夫特，Mary Wollstonecraft (1759-97)，英國女作家，著名的女權主義者。其夫為威廉‧古德溫，William Goodwin (1756-1863)。

很願意相互合作。第二,人類的這種完美狀態並沒有消失在遠古時期,而是必然會出現在將來的事實。到那個時候國家將沒有存在的必要了。俄國無政府主義者彼德·克魯泡特金提出了類似的觀點:所有種類的動物,包括人類,都從出於天性的「相互幫助」中獲益。這是他針對達爾文的「物競天擇」論提出的另一種選擇。克魯泡特金說,最適於生存的是那些最善於合作的物種。

克魯泡特金列舉了有關動物們相互合作的令人信服的例證,而其他無政府主義者則提出,人類之間在不受強制的情況下相互合作的例子數不勝數——他們說得一點也不錯。許多哲學家和社會科學家都承認,連十分自私的個體都會逐步形成某些合作行為模式,即使純粹是為了自私的目的。從長遠看,合作對我們每個人都更為有利。如果戰爭狀態將毀滅大家,那麼,理性的、看重自身利益的人們最終都能學會合作。

然而,霍布斯可能會爭辯說,不管人們能拿出多少合作的證據,也不管這合作多麼合乎理性,我們仍能舉出許多關於競爭與剝削的例證,而這些行為看起來往往也是符合理性的。而且,像蘋果腐爛一樣,很少量的反社會行為會把它的壞影響傳播到這種行為所波及的每個角落。恐懼和猜疑將會在很大程度上侵蝕和磨損自發的或是自覺形成的合作。

無政府主義者可以堅持說,爛蘋果並不存在。他們或者至少可以說,就算有爛蘋果,那也是政府造成的。正如盧梭所說,我們已經變得虛弱、腐敗了。無政府主義者認為,人們發明了政府來矯正反社會行為,但是歸根結底政府卻正是造成反社會行為的禍根。然而,「政府是人類一切衝突之根源」的說法看來很難自圓其說。這個觀點其實是自相矛盾的。如果所有的人都生性善良,那麼如此專

制而又腐敗的國家又是從何而來呢？最容易找到的答案是，少數貪婪、狡猾的人通過各種不正當手段攫取了權力。然而，這些壞人存在於國家出現之前——根據上述推論必定如此——那人類全都生性善良的說法就不能成立。所以，如此堅定地將一切都寄托於人類善良的天性之上，這看來只是一種極端的烏托邦主義。

最深思熟慮的無政府主義者提出了一個不同的答案。沒有政府並不等於對個人行為不存在任何形式的社會控制。社會壓力、公共輿論、對壞名聲，甚至對遭人議論的擔憂，都會影響個人的行為。有反社會行為的那些人會遭到社會的排斥。

另外，許多無政府主義者都承認，社會中必須有專家的權威。例如有些人最懂得怎樣種莊稼，我們就應當聽從他們的判斷。在任何規模的政治羣體中都必須在中等或更大範圍內協調人們的行為。比如，在發生國際衝突時即使是一個奉行無政府主義的社會也需要將軍和軍事紀律。尊重專家意見，遵守社會規則，這在和平時期或許也是必不可少的。

這樣的社會規則和政治羣體據說並沒有達到國家的程度，因為它們允許個人自行退出：這樣的自願性不可能存在於任何一個國家。下一章裏將會談到，國家要求對合法的政治權力的壟斷。任何「自願主義」和「無政府主義」的社會體制都不會這樣做。然而，反社會的人們拒絕參加自願社會，這使無政府主義者陷入了兩難的境地。如果無政府主義社會不去限制這些反社會者的行為，這個社會勢必可能發生嚴重的衝突。如果無政府主義社會強迫這些人遵守社會規則，那它實際上就和國家沒什麼區別了。總之，當無政府主義的社會藍圖變得越來越現實，越來越遠離烏托邦，我們也越來越難以將它與一個自由、民主的國家區分開來。在排除一個十分接近於

國家的形態的條件下，一個和平、安定、美好的狀態究竟是一副什麼情景，最終也許仍然沒有人能將它描繪出來。(人類學家對某些小型農耕社會的描述除外。)

然而下一章將會提到，我們還不能如此輕易地拋棄無政府主義。前面已經談到自然狀態的缺陷。國家有什麼缺陷呢？將權力集中到少數人手裏又有多大的合理性呢？我們還需要檢驗已經提出的那些為國家辯護的論點。如果這些為國家辯護的觀點不能成立，我們就不得不重新研究無政府主義。事實上，僅僅為了這個原因，我們將需要重新提起這個話題。

結　論

本章一開頭我提到霍布斯對自然狀態的著名描述，那是一個人人相互為敵的悲慘的戰爭狀態。基本的觀點是，作為個體的人們受到追求「福祉」的動機驅使，不可避免地會因為搶奪稀缺的物資而相互爭鬥。在沒有一個主權者的情況下，這爭鬥將會升級，演變為一場真正的戰爭。我列舉了一系列批駁上述觀點的看法。洛克說，自然狀態受道德法的支配，每個人都能夠執行道德法。作為對這一論點的補充，他提出，人類最初是處在物資豐富而不是短缺的環境中。他還明確地推斷說，人們經常會直接受到遵循道德法的動機驅使而行動。

盧梭同意洛克的看法，也認為霍布斯關於自然狀態中物資極為稀缺的論斷是錯誤的，但盧梭否認自然狀態中存在着道德觀與道德動機。他提出，人的自然憐憫心和同情心會防止戰爭的發生。他尖銳地指出，我們無法依靠對「文明人」的觀察來判斷「自然人」的行為。然而不管對霍布斯的這些批駁是否有力，洛克和盧梭都承

認，他們所列舉的阻止戰爭的因素都只能延緩激烈衝突的爆發，而不可能永遠地防止衝突。

無政府主義者更樂觀地認為他們可以得出不同的結論。我們討論過為無政府主義立場辯護的三個主要觀點。第一，在自然狀態下會逐漸衍生出合作關係，即使在自私的人們之間也是如此。第二，人類生來性善。第三，也是最可信的一個觀點，就是認為在國家不存在的情況下，也可以設計出政治與社會的結構和規範來補救自然狀態的缺陷。但是正如我在前面所說，理性的無政府主義與為國家辯護的論點之間的差距已經縮小到快要消失了。我認為最終我們還得贊同霍布斯、洛克和盧梭的觀點。任何可以真正被稱作自然狀態的環境，至少從長遠來看，都不可能讓人類在其中繁榮發展。然而這樣是否就算是「駁倒」了無政府主義，還有待進一步探討。

2 為國家辯護
Justifying the State

引 論

> 凡一切足使存在對人有價值者，莫不賴對他人行動有所約束。(約翰‧
> 密爾：《論自由》，130頁)[15]

如果上一章的論證正確，對任何具有一定規模的羣體中的人們
來説，自然狀態中的生活遲早會變得無法忍受。或許可以説，國家
存在的必要已經得到充份證明，無須進一步論證了。説到底，在現
實中我們又能拿什麼來取代國家呢？如果我們同意約翰‧密爾(John
Stuart Mill, 1806-73)所説——沒有對他人行為的約束，人類的生活將
沒有多少價值，甚至毫無價值。如果我們也相信，沒有國家的存
在，「可以實施的約束」就只是一種幻想。那麼，對國家存在之必
要性的任何進一步論證看來都是多餘的了。

我們在現實中找不到可以取代國家的東西，這種説法是一種反
向論證：我們找不到比國家更好的東西。但這仍不能結束我們的哲
學思考。為國家辯護的人們希望找到更正當的理由，用公認的道德
邏輯來證明國家存在的必要。就是説，我們需要證明，服從國家是
我們的道德義務。這樣的論證將使我們能夠確定國家什麼時候會失
去它的合法性。人們普遍認為，前東方集團諸國的解體就是一個例
證。我們如何能夠為國家的存在提供正面的理由？隨着本章內容的

---

15 《論自由》(*On Liberty*)。引文頁碼根據 *Utilitarianism and Other Writings*, ed. Mary
Warnock, Glasgow: Collins出版社，1962年版本。譯文參照商務印書館1996年譯
本，原譯者為程崇華。

展開，答案會越來越清楚。但我們首先要回憶一下，為什麼「服從國家的確是我們的道德義務」遠不是一個不證自明的論題。

正如前文所說，洛克認為，人類天生就是自由、平等、獨立的。這就意味着，他們不是天生就在任何其他人的權威的統轄之下。因此，在某種意義上說，合法的權力關係是人為的，是人的創造或構想。洛克於是得出結論說，把自己置於另一人的權威管束之下的唯一途徑是，向那個人提供你的許可(除正當的處罰之外)。在洛克看來，不管聲稱擁有權威的是另一普通的個人還是主權者，這一結論都能成立。因此，要求將你置於其權威之下的主權者並不擁有該權威，除非你已經通過本人的許可自願置身於受其約束的地位。所以洛克認為，為國家的存在辯護就是要證明國家的權威如何能與個人天生擁有的自制權協調一致。他的回答是借助於「個人許可」(individual consent)的觀點和「社會契約」(social contract)的機制。歸根到底，在洛克和社會契約論者們看來，如果國家聲稱對其擁有統轄權的每一個成員都已經認可國家的權威，而且惟有在這一假設成立的前提下，國家的存在才是正當的。

洛克因而屬於十分重視個人自制權和天然自由權的那種理論流派。這一流派的理論家們認為，判斷各種政治制度是否正當，必須依據受它們統轄的人們的意願、選擇和決定。這是一種很吸引人的觀點，因為它體現了對個人的尊重，賦予個人通過自己的選擇來掌握自身命運的責任和機會。然而還有另外一些為國家辯護的重要理論，這些理論不強調洛克所重視的個人自制權，而是用其他價值觀取而代之。例如杰里米 · 邊沁(Jeremy Bentham, 1748—1832)[16] 的功利主

---

16 杰雷米 · 邊沁，英國功利主義哲學家、經濟學家、法學家。

義理論就認為最根本的價值是幸福，不是自制權。功利主義理論，用最粗淺的話說，就是主張追求全社會最大總量的幸福。根據這一看法，如果國家能比任何其他形式提供更多的幸福，而且只有在這樣的情況下，國家的存在才是正當的。至於我們是否認可國家的權威則無關宏旨。重要的是國家是否能從總體上使社會的成員們獲得比沒有國家的情況下更多的幸福。本章將討論許可理論(consent theory)，功利主義理論，以及從其他一些角度為國家的存在作道德辯護的理論。

國 家

在決定怎樣最有效地為國家作辯護之前，我們最好先弄清楚國家是什麼。從歷史和現實政治中我們看到，有許多種類的國家。本書的多數讀者或許生活在現代自由民主國家之中。其他讀者生活在溫和的或是專橫的集權主義國家，這些國家的基礎是軍事統治，或是君王家族統治，或是其他形式。有的國家發展自由市場，另一些國家實行集體方式的生產和分配。除了實際存在的這些國家之外，如果再加上理論模式的國家，尤其是共產主義和烏托邦主義著作中描述的國家，那麼，各種實際存在的和可能存在的國家之間共同點如此之少，為國家下一個定義似乎是不可能的了。

然而，人們常說，所有的國家在某些方面還是有共同點的。我們知道，洛克定義的政治權力是制定法律的權力，加上懲罰不遵守法律者的權力。國家顯然擁有，或至少是聲稱擁有政治權力。社會學家馬克斯·韋伯(Max Weber, 1864-1920)提出了類似的論斷，其措辭也許有些驚世駭俗：國家擁有對合法暴力的壟斷權。無論在什麼國家，人們都認為暴力與強制主要是國家的職責，或是通過其代理

者——警察、法庭——直接施行，或是間接執行——准許公民在某些情況下可以相互使用暴力，比如自我防衞。所有暴力或強制行動都由國家實施，或是受國家指導。

事情的另一面是，國家承擔責任，保護境內每個居民不受非法暴力的傷害。我們當然是因為這一原因才同意授予國家對暴力的壟斷權。只有在相信不需要自衞時我們才願意喪失自衞權：國家會為我們代勞。

因此，人們常說國家具有兩個基本特性：它保有施行合法強制或暴力的壟斷權；它力圖對境內的每一個人提供保護。這就是「國家」的「定義」嗎？最常見的反對理由就是，在現實中沒有一個國家能實現上面的理想。沒有一個國家能夠真正地壟斷暴力，也沒有一個國家能夠保護境內的每一個居民。只須想一想任何大城市裏的凶殺案發生率，想一想普通居民為了自身安全不得不採取的防範措施。對這樣一些情況我們的評論是，某些國家未能壟斷暴力使用權，因而令人遺憾地未能保護其公民。我們不會說，這樣的社會裏根本不存在國家。但是，如果我們將那兩個「特點」當作國家的定義，我們就不能不得出「國家不存在」的結論了。

為了回答這一問題，我們還須再次強調，關於國家的上述定義中只是說，國家保有施行合法暴力的壟斷權。非法暴力的存在與國家的定義無關。國家力圖保護所有的公民，雖然有時未能實現它的願望。然而這兩個回答都存在問題。在美國，許多人都聲稱他們有權為自衞而持有武器。然而他們不僅相信自己應當享有這一權力，而且認為政府在這個問題上不能代替他們作決定。所以，實際上他們已經相當肯定地宣稱，政府無權壟斷暴力手段。而且，國家力圖保護每一個居民的說法看來也不是普遍的事實。許多國家完全不關

心那些受歧視的少數民族的境況，尤其是某些種族集團的成員。更糟的是，一些極端的例證表明，這些少數民族甚至會遭受國家本身以迫害、清洗、「種族肅清」等形式施加的非法暴力傷害。於是這樣的國家就失去了據說所有國家都具有的一個特性，但若否認它們都是國家，就未免太荒唐了。

因此，根據這兩個特性來為國家下定義就發生問題了。到此為止，我們只是在描述一個理想型的國家，就是的確具有我們所說的兩個特性的國家。讓我們先把國家定義的問題放在一邊，繼續討論我們的中心議題：怎樣能夠證明這樣的國家是正當的呢？

為國家辯護的目的

現在介紹一些術語將有助於我們的討論。為國家辯護常被認為就是要證明普遍政治義務(universal political obligations)的存在。說一個人有政治義務至少等於說他在正常情況下有遵守所在地法律的責任，包括交納該付的稅款。其他義務也包括在內：應徵保衛國家；做一個愛國者；甚至去尋找並揭露國家的敵人。我們還是先討論遵守法律這一義務吧。

政治義務是指「因為它是法律所以我要遵守」的義務，不一定因為我認為這法律在道德上被證明是正當的。我們多數人都不假思索地遵守反對凶殺的法律。如果有人問我們為什麼不殺人，我們中多數人肯定會說，我們從未想到過要用殺人來解決問題。如果進一步追問，我們也許會說，殺人是錯誤的，或是不道德的。如果某人不殺人的主要原因是殺人違法，我想，聽到這樣的回答我們會深感憂慮。很少有人需要靠法律來阻止他們殺人。因此，我們所說的這條法律正好符合了獨立於法律而存在的道德規範。

　　然而也有一些法律看起來沒有什麼道德依據。比如交通規則。
你也許認為在沒有車輛行人的十字路口你也有道德義務見紅燈就
停，但那只是因為這是法律的規定。當然，人們有時候也認為法律
要求他們做的事在道德上是錯誤的。例如，我們所納稅款的一部份
被用來生產核彈頭，許多納稅人認為這一政策應當受到道德的譴
責。但即使在這樣的情況下「好公民」依然會把遵守納稅法當作自
己的義務，從而不情願地繼續交納各種名目的稅收，僅僅因為這是
法律的要求。這樣的公民會認為，要抗議也應當採取其他方式。只
有在最緊急和嚴重的情況下才能違反法律。

　　人們通常認為，「為國家辯護」就意味着要證明人們有遵守法
律的普遍義務。在這樣的上下文內，「普遍義務」並不意味着在所
有的時間遵守所有的法律。只有某種令人厭惡的偏執狂才會認為，
執行一切法律規章永遠是我們的道德義務。例如，見紅燈就停車，
即使我正開車送一個生命垂危的人去醫院也不例外。確切地說，政
治義務的普遍性表現在這些義務應當一視同仁地對國境內每一個人
都有效。國家或者會特許某些人不必遵守某種法律(儘管這往往是腐
敗的表徵)，但問題的關鍵在於，為國家辯護的目的是要表明，從原
則上說遵守國家的法規是在國境內生活的每一個人的道德義務。現
在我們來看一看我們的辯護能不能成立。

社會契約

　　我還進一步斷言，所有的人自然地處於這種狀態(自然狀態)，在他們
　　同意成為某種政治社會的成員以前，一直就是這樣。我相信這篇論文
　　的以後部份會把這點說得很明白。(洛克，《政府論》下篇，278頁)

自願義務

讓我們使用前面提及的「自願」這個詞匯。洛克曾為這個詞匯辯護過：只有作為我的自願行動的結果，加之於我的政治權力才能發生效力。只有在獲得我的准許之後，別人才能擁有管轄我的那種政治權力。

人們有時用所謂「自我承諾」(self-assumption)的原則來表達這一觀點：任何人只有在「承諾」(assumed)某一項責任，也就是自願認可那項責任之後，才具有承擔該責任的義務。從字面上看這一觀點沒有多少意義，應當放棄。不攻擊無辜者是我的責任，這一責任似乎不應當以我預先的「承諾」為前提。看起來，我們必須承認我們負有某些道德責任，不管我們是否曾經表示過贊同。但這還不足以證明任何人有權制定法律並迫使我遵守。當然，國家正是這樣做的。

由此看來關於政治義務這一論題，至少對於洛克來說，顯然是要證明如何用自願原則來解釋國家存在的必要。需要證明的是，每一個成員──或者至少是每一個精神正常的成年人──都曾以某種方式將管轄自己的權力交付給國家。根據這一觀點，要為國家辯護就不能僅僅是證明在國家統治下我們的生活比在自然狀態下好得多。我們還必須證明，每個人都已經自願認可國家的權威。

換言之，對洛克來說，即使國家真是對我有利，也並不能由此得出國家應當存在的結論。自由是我的自然權利，所以只有在得到我本人的認可之後管轄我的政治權力才能存在。因此，如果一個國家聲稱有管轄我的政治權力卻沒有得到我預先的認可，這個國家就沒有統治的權力，因而是不合法的。這一結論始終能夠成立，即使文明社會裏的生活比自然狀態下優越得多。

證明個人對國家權威的認可，是為了支持社會契約論(social

contract)的觀點。假若我們能以某種方式證明，每個成員都已經認可國家的權威，或是與國家簽定了契約，或是與其他成員相互簽定了建立國家的契約，那麼，問題似乎就迎刃而解了。通過證明每個人都認可了國家的權威，我們就證明了國家具有普遍的權威——管轄我們每一個人的權威。從理論上說，社會契約論能夠明確而又簡潔地解決對政治義務問題的論證。它滿足了雙重的要求：一個是普遍主義——每個人都必須承擔義務；另一個是自願原則——只有在得到每個成員的許可之後政治義務才能合法存在。

在理論上可以說得頭頭是道，但在實際生活中我們去哪兒尋找社會契約呢？有些人認為，社會契約是一種「原初契約」(original contract)，就是說，它是一個真正的歷史進程。正是這一歷史階段和途徑，將我們的先民從自然狀態帶進文明社會。這一觀點常常遭到人們懷疑——他們或許是對的。即使我們同意，的確有過一個歷史階段叫做自然狀態(上一章裏談到對此提出質疑的幾點理由)，但是否真的存在過這樣一種契約呢？證據在哪裏？在哪個博物館裏展出？如此重要的歷史進程總會在歷史記載中留下痕跡。再說，這樣的契約是怎樣產生的呢？除了意見交流與聯絡等顯而易見的實際困難之外，受盧梭影響的批評家們還指出，如果認為自然狀態下的野蠻人的思維已經複雜到能夠訂立並信守法律條約，那就太荒謬了。

然而更重要的是，即使歷史上有過這麼一種契約，它又能證明什麼呢？我們無法相信，這一契約規定了現代公民的政治義務。無論如何，沒有一個合理的法律制度會允許一代人制訂未來的人們都必須遵守的契約。然而「原初契約」論似乎正是這樣一種假定。

如果社會契約論依據的是原初契約論，那它一定會站不住腳。幸運的是，另外一些觀點也許能夠作出更為合理的論證。如果要用

自願原則來描述國家存在的必要，那就必須證明所有現在受到國家管轄的人們都能夠對國家的權威表示認可。這似乎應當是由每一個成員給予的，某種持續性的認可。

我們每個人都自覺、自願地表示對國家權威的認可，這一點可能辦到嗎？很難。我不記得有誰問過我是否同意被國家管轄，至少沒有任何具有官方身份的人問過我。童子軍和小學生們的確曾被要求對國旗或「上帝與女皇」宣誓效忠，但這不算真正出於自願的選擇，而且不管怎麼說，他們太年幼，他們的誓言因而沒有法律效用。很少有什麼國家——如果有的話——會真的讓每一個成員發誓效忠。我們常看到，現代社會裏明確地認可國家權威的只是那些通過移民方式取得國籍的人們。普通公民中的大多數都沒有這樣做。

我們也許可以說，人們對權威的認可是通過不那麼公開、明確的方式表達的。一種說法是，這種認可是通過投票來表達的。投票選舉政府的時候，我們就表達了對政府權威的認可。甚至那些對政府投了反對票的人們也正是通過投票表達了他們對整個制度的認可，這樣說也不是完全沒有道理。然而由此就產生了兩個問題。有些對政府投反對票的人也許會說，他們是在反對整個制度。還有那些棄權的人呢？拒絕投票很難被看作是在表達對政府權威的認可。宣布棄權為非法，強迫所有的人都去投票，這也於事無補。既然投票不是自願的行為，那就很難將它看作是對政府權威的認可了。

然而，這一思路的更有趣的發展是，只有在一種「參與型民主制」(participatory democracy)[17]社會中，才能產生政治義務。在參與

---

17 參與型民主制(participatory democracy)，有時譯作「參與式民主制」或「參與民主制」。

型民主制中，所有公民都積極參加政府的管理，其參與程度之廣泛超過了任何一種現代民主社會。這一觀點的重要推論是，如果現代民主社會沒有達到上述標準，社會中的公民就不承擔任何政治義務。參與民主制的理論值得重視，我們在下一章裏將繼續討論。我們同時應當記住，本章得出的關於政治義務的任何結論都將取決於對參與民主制的檢驗。

默認的許可

我們尚未找到一種可信的理論來證明公民對政府權威的公開的或明確的認可。我們已經討論過把選舉看作一種默許形式的觀點，但或許我們能找到更有說服力的角度來闡釋默許理論。所有重要的社會契約理論家——霍布斯、洛克、盧梭——事實上都以不同方式將默許作為自己的理論依據。這裏的主要思路是，在默默地享受國家保護的同時，你就在表達對國家權威的默認的許可。這一條就足以使每一個人服從國家的管轄。洛克認為，一個人只有通過明確表達的對國家權威的認可，才能成為政治社會的正式成員。然而他又作出了關於政治義務能夠產生於默許的著名論述：

> 只要一個人佔有任何土地或享用任何政府的領地的任何部份，他就因此表示他的默認的同意，從而在他同屬於那個政府的任何人一樣享用的期間，他必須服從那個政府的法律。這不管他所佔有的是屬於他和他的子子孫孫的土地，或只是一星期的住處，或只是在公路上自由地旅行。(洛克，《政府論》下篇，348頁)

這看來也許是可信的。通過接受國家的保護及其他好處，我默認了對國家權力的同意。或許可以說，僅憑一個人得到的好處就足以使他接受國家的管轄，本章的後面還會討論這一觀點。但我們現在談

及的論點有一點微妙的不同,它使論證向前推進了一步:接受國家給予的好處就是對國家權威默認的許可,而且正是這許可才使得人們服從國家的管轄。我們能接受這個推論嗎?

這推論背後的想法也許是,誰如果不喜歡國家提供的這一攬子好處和負擔,就可以離開這個國家。但假若這就是論證的依據,許多人就會說,戴維·休謨(David Hume, 1711-76 年)早就有力地批駁過這個觀點:

> 我們能夠認真地相信,一個貧窮的農民或工匠在不懂外語或外國習俗,靠微薄的工資度日的情況下,可以有選擇離開自己的國家的自由嗎?那麼我們同樣也能相信,一個人留在一艘船裏就是在自由地表達他對船主的權威的認可,儘管這個人是在睡着的時候被弄上船,如果離開這條船就意味着跳進海裏淹死。(《論原始契約》,475 頁)[18]

休謨的反駁意味着什麼?他的看法是,僅僅是居住在某國並不能被看作是對該國管轄權的認可。為什麼?就因為除了離開那個國家,其他任何舉動都不被看作是不認可國家的權威。我們肯定不能依據這樣一個難以實現的條件來判斷,凡留下不走的都認可國家的權威。

這經常被看作是令人信服的反駁。然而另一方面在某些情況下即使是上述難以實現的條件也可能得到滿足。例如盧梭就認為,居留表明對權威的認可,這僅適用於「自由國家」,「否則的話,家庭、財產、無處容身、生活的需要以及暴力等等,就都可以不顧一

---

18 休謨,《論原始契約》(Of the Original Contract)。引文頁碼根據 *Essays Moral, Political and Literary*, ed. E.F. Miller, Indianapolis: Liberty Press, 1985 年。

個居民的意願如何而把他留滯在國內;這時候單憑他的居住,就不再能斷定他是同意契約的了。」(《社會契約論》,277頁)[19] 認為家庭或財產會使人失去自由,這是盧梭獨特的觀點,如果也可以說是他的思想特色的話。但我們可以理解他的意思,即使希望能夠修正他的說法。盧梭的意思是,在一個自由國家,表達對權威的不認可——離開這個國家的領土——是一樁簡單不過的事情。

任何不認可國家權威的人都可以一走了之,這種可能性僅存在於下面的情況:世界由眾多城邦組成,每個城邦都有城牆環繞,只要走出城門就離開了國家。(如同盧梭年輕時幾乎由於偶然原因而離開了日內瓦。)休謨心裏想的卻是更像民族國家那樣的國家,例如英國。離開這樣的國家可不是那麼簡單的事。他將國家比喻為一艘在大海航行的船,指的像是不列顛那樣的島國。在當今世界,一個由民族國家組成的世界,「默許認可」的理論看來遠沒有盧梭時代那樣適用。並不一定因為國家都是由海洋環繞,而是因為人們即使想走也常會發現自己無處可去:沒有一個國家會接納他們。而且說到底,離開一個自己討厭的政權去投奔另一個類似的政權又有什麼意義呢?我們最終還得同意休謨的觀點。現代世界無法滿足默許認可論提出的條件。我們不能用這樣的理論來證明國家的存在是正當的。

假設認可

認為社會契約論要求獲得某種形式的實際許可——不管是歷史的,明確表白的,還是默認的許可——這一想法本身也許就是錯誤

---

19 盧梭,《社會契約論》(*The Social Contract*)引文頁碼根據 *The Social Contract and Discourses*, ed. G. Cole, et al. London: Everyman, 1973 年。譯文參照商務印書館 1980 年譯本,原譯者何兆武。

的。我們或者可以說，社會契約純粹是一種假想：它只是告訴我們，在自然狀態下我們可能會怎樣做，或是可能曾經這樣做過。以此推之，如果處在自然狀態中我們就會訂立契約建立國家，這想法本身就足以證明國家的正當了。

我們應當如何理解這一類推理呢？第一步，我們值得回憶一下前一章提及的一個想法：要想弄清你與某事物的關係，最好的方法也許就是想像沒有它會怎麼樣。這是人們常用的一個策略。比如，家長會使用這個策略說服孩子吃不好吃的食物：挨餓的時候能得到它你會感激不盡呢。同樣，「假設契約」論告訴我們，如果由於某種原因我們處在沒有國家的狀態下，一旦認識到我們所處的困境，理性就會使我們感到應當建立一個國家。

因此，我們可以這樣來理解假設契約論的推理：即使人們不在國家權威管轄之下，而且由於某種原因處在自然狀態之中，如果人們會理性地思索，就會盡全力去建立國家。具體地說，人們會理性地、自願地訂立創建國家的契約。假設契約論者現在似乎會有把握地問：難道這樣的推論還不能為國家辯護嗎？

如果在自然狀態下所有理性的個人真的都會自願地作出上述選擇，那我們看來的確找到了為國家辯護的很好的理論。然而我們還是應當問，這一理論與社會契約論的「自願」假設有什麼關係。因為，如果我們相信只有通過自願認可的行為我們才能承擔政治義務，而假設的認可行為並非真正的行為，那麼，假設契約論就無法滿足社會契約理論的要求。

這個推論使我們在作出解釋時陷入了兩難的境地。如果假設契約論不是能夠滿足社會契約論的要求的那種理論，那它究竟是一種什麼理論呢？一種可能的解釋是，這種理論證明某些類型的國家

值得我們認可其權威。就是說，國家具有一系列我們所要求的特性——從根本上說，國家是保障我們的和平與安全的最大希望——我們願意從自然狀態中創建國家，這本身就證明國家具有上述特性。從這一論證可以看出，為國家辯護的依據不是我們的認可，而是國家具有的特性。認可已經從論證中消失了。根據這一思路，「假設契約」論最終並不是一種從自願論的角度為國家辯護的理論。假設契約論更接近於我們不久將論及的功利主義理論。國家的正當性在於它對人類的幸福作出的貢獻。

另一方面，我們或許能設法以自願論的語言來重建假設契約理論。想一想這樣一個觀點：假設認可在某種程度上表明實際認可的存在。我們可以從這樣一個思路出發：儘管幾乎從沒有人正式表達過對國家的認可，然而從某種意義上說我們每一個人或我們中的大多數都已經認可了國家的權威。如果有人請我們或要求我們認真思考這個問題，我們每個人或許都會表達對國家權威的認可。因此，我們似乎可以公平地說，任何承認上述判斷的人都具有認可國家的傾向。但這也就等於說，這些人認可了國家的權威，即使他們本人沒有意識到。這就像我們時常會有自己從未意識到的一些信念。(例如，多年來我都相信長頸鹿不會有九條腿，雖然在寫下這句話之前我從未有意識地形成這樣一個看法。)我們同樣也會在沒有意識到的情況下認可了國家。

假設契約論可以被看作是使我們認識自己的真實思想的途徑。通過思考在自然狀態下我會怎樣做——如有可能我會不假思索地投入文明社會——就能意識到我的確認可了國家。這並不是說，在進行這種思想實驗之後我才開始認可國家。我現在才意識到，我自始至終都認可國家的權威。根據這一解釋，假設契約論的意義就是揭

示傾向性的認可：一種未曾表達過的贊同的態度。

我們能從這一推論裏得到什麼呢？一個難題是，我們這裏所說的認可很有些勉強。未曾表白的，甚至是沒有意識到的「認可」傾向，這在其他道德或法律情境中很難被看作是具有約束力的。另外，很可能有人在認真研究假設契約論之後，經過慎重的思考得出結論，認為在自然狀態下他們的處境會好得多，因而情願選擇自然狀態而不是國家。他們也許不信任中央集權。他們對自然狀態的看法也許比我現在更為樂觀。真有這樣的人嗎？很可能會有：上一章談及的無政府主義者和他們的同道就是例證。這些人不可能被看作具有認可國家權威的傾向：他們積極、公開地反對國家權威。

我們或許會認為這些人是非理性的。然而我們憑什麼說他們非理性呢？無論如何，即使他們是非理性的，我們也不能據此證明他們認可了國家。因此，即使是這種最淡薄的認可理論也無法推導出我們尋求的結論：支撐政治義務的一個普遍性的基礎。如果我們堅持認為政治義務必須出於自願，我們就總會碰到這樣一個難題。只要出現一個反對國家的人，全盤的論證就會坍塌。契約論是典型的自願論(voluntarism)，所以「普遍主義」(universalism)——認為每個人都有政治義務——完全無法通過這裏談及的任何形式的契約論或認可論來證明。

再論無政府主義

我們的結論也許是應當承認，證明每個人都有政治義務是不可能的。堅持以自願論為國家的基礎，則是很可能辦得到的。如果代價是不得不承認某些個人不受國家權威的約束，那麼我們或許應當作一點妥協。

這一看法再一次支持了第一章中簡略論及的無政府主義論點。如果我們無法以說得通的前提為依據來證明國家的正當性，那麼我們似乎就不得不接受某種無政府主義的觀點，至少從道德上說是如此。這一論證戰略是無政府主義者最強大的武器。關於我們是否應當有一個國家，誰也沒有徵詢過我的意見。警察採取什麼行動也從未徵求過我的許可。無政府主義者據此爭辯說，國家和警察的行動都是非法的，至少在與我們打交道時是非法的。

這一觀點的含義可能是深遠的。從最激進的角度可以說，一旦接受了無政府主義者的論點，我們服從國家權威的唯一理由就是謹慎處世，尤其要避免受罰。一個大無畏的人應當抵制這種怯懦的處世態度，應當無視國家及其代理人的存在。如果用溫和一些的語言來表達，那就是，我們可以承認，如前所述，法律提出的要求往往也符合道德本身的要求。因此，我們應當遵守國家頒布的某些法令——不許殺人、強姦、傷害他人——並不因為這些是國家的法令。更進一步說，警察採取的行動常是任何公民都會做的事情：保護無辜，將害人者繩之以法，等等。所以我們感謝警察代替我們做了「惡人」。然而根據這一觀點，只有在贊同採取某些行動的情況下，我們才應當支持國家和警察。至於法律就是法律，警察就是警察，這一事實本身完全不能成為我們服從國家的理由。因此，「富於哲理的無政府主義者」(the philosophical anarchist)建議，我們對警察和國家的行為應當採取嚴格批評的態度。國家和警察的行為有時代表著道德權威，但在它們違背道德時，我們就應當拒絕服從它們，或是抵制、無視它們的權威。

從某些方面看來，這一觀點似乎很能打開人的思路：有責任感的公民不應盲目遵守法律，而是應當時刻運用自己的思索來判斷法

律是否正當。如果法律不正當，遵守法律就不是公民的道德責任。

這一思路肯定是正確的——在一定的限度之內。任何時候都不能懷疑或拒絕遵守法律，這樣的觀點會引導人去擁護納粹德國對猶太人的迫害；會引導人去擁護最近在南非剛被推翻的禁止白人與黑人通婚、生育混血後代(種族混雜)的法律。遵守法律的義務必須受到某種道德規範的限制。然而要確定這一道德規限的範圍卻並不那麼容易。極而言之，假定有些人認為，法律必須完全符合自己的道德判斷，否則他們就可以不遵守法律。那麼，許多人(尤其是富人)認為，純粹以財富再分配為目的來徵收個人所得稅，在道德上是不正當的。根據我們剛才討論過的關於判斷國家正當性的觀點，這些人就有權拒絕繳納他們的部份稅款。同時，具有不同的社會和經濟背景的一些人認為，對財富的繼承是不公正的。誰能繼承財產，誰不能繼承財產，用約翰‧羅爾斯[20](見第5章)的話來說，「從道德觀的角度看(完全)是專斷的」。 有些人可以繼承大筆財產，而同樣應當享有財富的人們卻什麼也繼承不到，很多人認為這相當不公平。如果你認為財產繼承在道德上是不正當的，那麼你也會認為，威斯敏斯特公爵無權制止你繼承「他的」產業，就像你無權禁止他繼承那筆財產一樣，因為那財產其實也不屬於他。如果你進一步論證說，人們只有在法律完全符合自己的道德觀時才應當遵守法律，那你就再沒有任何理由去尊重別人(聲稱擁有)的財產權，(除非你害怕受到處罰)。

這類例證顯然舉不勝舉。關鍵在於，如果我們接受上面談及的無政府主義觀點，我們就回到了混亂的狀態，在那樣的狀況下，人

---

20 約翰‧羅爾斯，John Rawls(1921-)。美國哈佛大學教授。其《正義論》是西方最
　重要的政治哲學著作之一。

們對所有問題都可以憑藉自己個人的觀點來判斷,即使對有關公眾的問題也是如此。然而正是出於這一原因,洛克提出我們應當脫離自然狀態。從這一點上看,「富於哲理的無政府主義者」的立場看起來像是在道德觀上自我放縱的一個很危險的例證。如果我們普遍接受一系列公開制訂、被公眾承認的法律,以此作為指導我們彼此相處的準則,這肯定遠遠強於聽任人們按照各自信奉的互不相同的原則行事。換言之,擁有一套共同承認的法律,從情理上說,比任何個人對最佳法律的設想都要重要得多。

無政府主義者會爭辯說,我們不可能將相互衝突的道德觀調和起來。然而,也許某一套道德觀是正確的,因此所有的個人都可以共同信奉這一套基本的道德準則。這句話的後一半比較重要,但它有可能被實現嗎?即使的確有一套符合真理的道德準則,我們如何能保證每個人都可以認識到那個真理呢?在那些懷疑這一方式的人們看來,無政府主義者的觀點仍是不可取的。

功利主義

> 臣民應當服從君王……只要服從可能帶來的損害小於抵抗可能帶來的損害。 (杰里米‧邊沁[21] ,《政府片論》p. 56)

契約論無法說服人,無政府主義也不大美妙,這就更使我們感到有必要研究功利主義理論了。功利主義(Utilitarianism)的基本思想是,在任何情況下,道德上正確的行動總是能夠帶來最大量功利的行動。對功利有多種理解,例如幸福、快樂,或是對欲求或偏好

---

21 《政府片論》(*A Fragment on Government*)發表於1776年。引文頁碼根據 *A Fragment on Government*, ed. Ross Harrison, Cambridge: Cambridge University Press, 1988年。

的滿足。討論的時候選擇哪一種理解並不重要，為了方便，我們就來探討如何獲取最大限量的幸福吧。簡單地說，功利主義要求我們採取的行動，與當時可以採取的任何其他行動相比，能夠在世上創造更多幸福(或是更少的不幸)。

請注意，若要認真研究功利主義，我們就需要度量並量化幸福，這樣才能衡量幾種行動中哪一種創造的幸福最多。這件事做起來往往十分困難。如果要對不同的情形作比較，我們總得有某種測量的尺度：或許是幸福的單位。怎樣實現這個目的呢？這一理論不僅要求我們將一個人的幸福與另一人相比，分出誰多誰少，而且要求我們說出，兩人幸福的差別究竟是多少。我們似乎必須證明這樣的結論：「今天弗雷德的幸福是查理的兩倍，而昨天他比查理幸福三倍。」許多人會認為這樣的說法太荒唐。用這種方式來量化幸福就太幼稚了。

探求比較幸福的方法被稱作「人際功利比較」(interpersonal comparisons of utility)。奇怪的是，十九世紀功利主義締造者們竟然誰也沒有看到這一問題具有的分量，雖然在過去數十年裏學者們提出了一系列在技術上富有創造性的解決方法。沒有一項解決辦法得到人們普遍的承認，而詳細討論這一問題則會使我們離題太遠。然而應當承認，在需要進行比較的時候，我們並非完全手足無措。例如，我們知道有些人比我們更多或更少有機會享用某些食品，參加某些娛樂活動。說得更嚴肅一些，我們每天都看到，有些人的生活很窮苦，而另一些人則過着優裕的日子。因此我們相信，有些比較是可行的，儘管我們不知道如何去操作。目前我們只須假定，人際功利比較是可行的，同時我們要記住，功利主義者仍須告訴我們究竟應當如何去進行比較。

　　回到主要的話題上來。現在要提的問題是，從功利主義理論的角度應當如何來看待政治義務呢？如前所述，根據杰里米·邊沁的觀點，我們服從統治者的前提是，這樣做帶來的利益超過了我們付出的代價。這就類似於說，只有——這是唯一條件——當遵守法律能夠比違背法律帶來更大的社會幸福時，我才會遵守法律。

　　然而如果這就是邊沁的理論，我們很容易認為它是違法者的許可證。因為我的幸福畢竟是社會幸福總體的一部份。所以，如果犯法——比如從大書店裏偷一本書——將會增加我的幸福，而且我可以肯定誰也不可能發現我的偷竊，誰也不會遭受明顯的損失或傷害，那麼，功利主義就不僅允許我，而且要求我去盜竊。從更廣泛的意義上說，功利主義理論經常會贊同犯法的行為。

　　這就是功利主義者的目的嗎？看來不可能，而且事實上答案已經擺在那裏。如果我們所有的人只要認為犯法能夠增加總體的幸福就可以犯法的話，將會發生怎樣的結局呢？在那樣的情況下，你隨時可以取走我的財產，只要你認為這樣做的結果是你獲取的幸福多於我失去的幸福。財產將完全得不到保障，也許最後誰也不願生產任何東西，因為別人在運用功利主義理論得出有利於自己的結論時就會把那件東西拿走。這種不穩定的局面將會導致普遍的不幸，很像自然狀態下的那種不穩定。荒謬的是，我們每個人都在設法增加普遍的幸福，結果卻是我們一起造成了普遍的痛苦。這是第一章中提及的「囚犯難題」的另一例證：增加個人幸福的行為削弱了集體幸福。

　　因此，功利主義者會說，我們需要這樣一套法律，即使在特殊情況下違犯其中某條法律——如果允許的話——能夠增加幸福，這套法律也將受到尊重。這可以被稱作間接功利主義(indirect utilitarianism)。道理在於,如果我們全都用功利主義的觀點來思考,結果會很不妙。所以我們需要遵循非功利主義的邏輯——遵守法律——來獲取最大量的幸福。

為了把問題說清楚,我們可以用一個人如何尋求幸福來打比方。有一個被任何地方的好逸惡勞者反復證明的道理,那就是,如果你唯一的生活目標就是享樂,而且竭盡全力去追求享樂,你很可能根本達不到目的。但如果你確立另一個目標——從事和追求某一項事業,培養一種愛好,交往一些好友——你很可能尋得幸福,那是一個副產品或間接後果。因此,不管作為個人還是社會,直接追求幸福的結果可能是適得其反。最好的辦法是確立其他的目標,遵循其他的規則,心中希望或是盼望幸福最終會到來。功利主義政治哲學家應當提出每個人至少在正常情況下都必須遵守的一套法律。因此,個人無須從社會幸福的角度來考慮遵守法律的效果是什麼。

這也許是邊沁本人的觀點:「作為(人民的)整體,只有在符合他們的利益時,服從法律才是他們的責任。」(《政府片論》,56頁)這段話加以擴展,就能得出下列觀點:

1. 通過法律的前提只是——這是唯一條件——與其他待通過的任何法律(或是沒有法律)相比,這套法律將為人類幸福作出更大貢獻。

2. 法律應當由於是法律而被遵守(而且由於不守法會受罰而被遵守),只有在避免災禍的情況下才可以不遵守法律。

3. 法律若不能執行恰當的功利主義功能,就應當被廢止和取代。

從功利主義角度來評價政治義務的思路看來已很清晰。作為一套法律的制訂者和執行者,國家的存在是正當的,前提是——這是唯一前提——與任何其他可能與之相匹的形式比較,國家能對人類

幸福作出更大貢獻。如果我們看到國家與自然狀態之間的根本區別，如果我們接受第一章中的論證——尤其是霍布斯的觀點——，那麼功利主義理論對國家正當性的論證看來就很有道理了。從對普遍幸福的貢獻來考慮，國家遠遠勝過了自然狀態。因此，對功利主義者來說，對國家的正當性的證明已經完成。

然而儘管論證成功，卻很少有政治哲學家能夠信服功利主義者對國家的辯護。許多政治哲學家承認功利主義者的論證本身是成功的，但論證的假設或前提不正確。這一論證本身十分簡單。從本質上說，功利主義論證只有三個前提：

1. 道德上最好的社會是幸福量最大的社會。

2. 國家比自然狀態更能帶來幸福。

3. 供我們選擇的只有國家和自然狀態這兩種可能。

因此：

4. 建立國家，擁護國家，是我們的道德責任。

第一章中談到，各種派別的無政府主義者會質疑第2和第3個前提，但為了討論上述論證，我們暫且假定這些前提都是正確的。從形式上看這一論證也能成立，因為如果前提真實，結論也必然真實。論證中唯一薄弱的部份是第1個前提：功利性的基本原則。

問題就出在這裏。很少有哲學家會接受功利主義的推理，因為他們認為這樣的理論會導致在道德上無法接受的邏輯。具體地說，經常有人聲稱，功利主義道德觀允許，甚至要求人們採取很不正義的行動。例如，對功利主義最著名的非難就是「替罪羊」問題：功利主義准許在追求普遍幸福的過程中發生十分不公正的事情。

替罪羊問題是這樣的。假如發生了一椿惡性罪案——一次恐怖份子爆炸案中數人遇害，多人受傷。在這樣的情況下警方受到巨大

的壓力，必須找到罪犯。公眾則要求復仇，還要求防止類似事件再發生。如果罪犯被繩之以法，公民的普遍幸福當然就得到了實現。然而功利主義的反對者們説，假若公眾認為是罪犯的那些人被逮捕和判刑，普遍幸福也會被實現。只要他們是可能的嫌疑人——口音、長相都像——那麼至少復仇的願望可以得到滿足，人們也將睡得更安穩(即使是因為他們誤信了自己的判斷)。當然，被冤枉的無罪者倒了霉。然而，公眾幸福量的增加(或是痛苦量的減少)將使無辜者的冤屈顯得微不足道，於是按照功利主義的邏輯這冤屈換來了更大的利益——這種説法似乎也有道理。因此人們説，根據功利主義的推理，懲罰無辜在道德上可以是正確的。同樣類型的其他例證——比如用功利主義為奴隸制辯護——都很容易推演出來。

問題的關鍵不是討論懲罰無辜是否值得；功利主義者當然也會認為，最好是抓獲並懲辦罪犯。但是，如果全面考慮所有的因素，根據功利主義的邏輯某些案件的誤判是值得的。理論上的探討大多以假想的例證為依據，然而在英國這一問題引起於公眾的注意：愛爾蘭共和軍炸了一家酒館。「伯明翰六人幫」被判犯有殺人罪，但他們辯稱是被警察屈打成招的。他們打算為在監禁中受到的傷害向警察局提出民事訴訟。1980年丹寧爵士在上訴法庭中談及是否同意受理這個狀告警察局的民事訴訟案。他説了下面這一段話：

> 如果這六個人敗訴，就意味着許多人要無謂地花費金錢和時間。如果六個人勝訴，就意味着警方犯了偽證罪；意味着他們犯了使用暴力和威脅的過錯；意味着嫌疑人的招供是被迫的，並被錯誤地用作證據；意味着法庭的判決是錯誤的。這還意味着內務大臣要麼不得

22 克利司·穆林，Chris Mulin。引文頁碼根據 *Error of Judgement*, Dublin: Poolbeg Press, 1990 年。

不建議赦免那六個人，要麼就得將此案提交上訴法庭。這後果是如此之嚴重，我國每個有理智的人都會説：這個民事訴訟案應當到此為止了。(引自克利司·穆林：《誤判》216頁)[22]

丹寧後來承認，「現在回想起來，我當時的發言應當受到批評。」但問題在於，反對功利主義的人會說，丹寧的講話正好是對功利主義邏輯的完美運用。最好是讓無辜者繼續關押在監獄，而不是承認警方有時會用恐怖手段逼出假口供。不言自明的是，功利主義的邏輯現在更站不住腳了。

然而，我們可以辯護説，功利主義者如果採用前面提及的「間接功利主義」策略就能夠避免發生上述問題。假若我們知道，在我們生活的這種社會，人們可能會冤枉地被當作替罪羊，沒有犯罪也會被監禁，那麼，社會將是如此地不安穩，這也將給人類幸福罩上濃厚的陰影。誰知道下一個功利主義的替罪羊會不會是我？為此，功利主義者必須授予人們不犯罪就不受懲罰的權利。所以常有論者爭辯説，通過運用這種更為嚴密精當的功利主義理論可以避免替罪羊問題以及類似弊病的發生。實際上，一個功利主義者在討論伯明翰六人幫案件時滿可以説，釋放那六個人利大於弊——正好與丹寧爵士最早發表的意見相反。英國司法制度的信譽可能受損，然而由於此案的判決及結果的公布，為了長遠的利益和社會的穩定，錄取供詞的程序會得到改進。

間接功利主義論證的成功是為功利主義辯護的關鍵。假如功利主義論能提供一套關於個人權利的理論——例如不受冤屈的權利——許多常見的對功利主義的非難就不攻自破了。我們曾經談及功利主義能夠以何種步驟完成這一任務，但論者也可以進一步提出對功利主義的非難。例如，論者可以説，只有在公眾了解真情的條件

下，替罪羊手段才會導致社會的不安全感。但如果公眾一直不知道真相，他們也就沒什麼可擔憂了。(或者説，他們有擔憂的理由，但因為他們不清楚事情的真相，他們實際上並不擔憂。因此在功利主義的平衡中並未加上任何負面的分量。)這樣一來，只要事情做得十分有效和隱秘，替罪羊手段就在功利主義的基礎上被證明是正當手段。這當然是對功利主義很不利的觀點。

在理論上更深刻的另一種非難是，即使事情的發展符合功利主義者的設想，正確的結果也是在錯誤的動機上獲得的。秘密地採取替罪羊手段的策略也許實際上根本不能增大幸福量。反對功利主義的人們説，這樣的論證已經離題了：誰也不應當充當替罪羊，無論這樣做對普遍幸福有多大好處。不管後果是什麼，伯明翰六人幫都應當獲釋。更進一步説，如果功利主義者關心的只是盡力增大幸福量，那麼他們為什麼還要花費這樣大的精力去構建什麼功利主義的人權理論呢？他們的論證説明他們對自己的理論缺乏信心。

為了討論的方便我們先假定——這假定以後可能會被推翻——功利主義理論最終無法逃脱批評者的否決。筆者現在不打算再談這個問題，因為到第四章還會詳細討論它。第四章將分析約翰·密爾的《論自由》，那本著作常被看作是用功利主義的權利理論。現在要説的是，儘管間接功利主義理論對國家正當性的證明很有道理，但功利主義本身很讓人懷疑，即使是間接形式的功利主義也不例外。因此，我們有理由對這種為國家辯護的思路感到不滿意。

公平原則

在世界的多數地方，你若要鼓吹政治關係整個是建立在自願贊同或相互許諾的基礎上，那麼地方行政官立即會把你抓進監獄，説你煽

動人們不服從管轄——假若你的朋友們沒有因為你頭腦發昏，發表
這種奇談怪論，而先把你關起來。(《論原始契約》，470頁)

無論公民個人是否贊同國家的權威，如果他們光是享受國家提供的
利益卻不同時承擔產生這些利益所必須的付出，這就顯得不公平
了。所以有人說，任何從國家得到好處的個人都要承擔遵守國家法
律、納稅等基於公平原則(the principle of fairness)的義務。

這一觀點背後的原則被法理學家、哲學家哈特(H.L.A Hart)清楚地
表達出來。他說：

當任何數量的人們根據規則從事任何共同事業，並因此限制了自身
的自由時，他們當中那些已經遵守這些規限的人們有權要求另一部
份從自己的服從中得到好處的人同樣遵守這些規限。(《自然權利存在
嗎？》，85頁)[23]

哈特看法似乎可以說是「默認贊同」理論的「理性內核」。獲
取了好處的確使人依附於國家，但並非因為它是默認贊同的一個方
式。這一論證的要義是：只有打算承受屬於自己的那一份負擔才能
享受國家提供的好處，否則是不公平的。這好處指的當然是居住在
一個執行着一套法制的社會中所享有的安全和穩定。與好處相對應
的負擔就是政治義務。運用這一原則的一個大家更熟悉的例子是在
酒店裏輪流買酒。如果你的三個朋友都依次輪流給你們四個人買了
酒喝，而你喝完第三杯就打算回家，這時你的朋友們一定會感到憤
憤不平。

假若我們接受哈特的觀點，承認每個人都享受着國家的好處，
那麼，為了對大家夠公平，我們每個人都應當遵守自己國家的法

23 哈特：《自然權利存在嗎？》引文頁碼根據 H.L.A Hart: "Are There Any Natural
Rights?", in J. Waldron (ed.), *Theories of Rights*. Oxford: Oxford University Press. 1984年.

律。這一推理所根據的觀點是，如果我們享受了法律帶來的好處，那我們為自己方便而違犯法律就是不公平和自私的行為。

每個人都從國家的存在獲得了好處，這一點真能被證明嗎？也許第一章中霍布斯的論證足以說服多數人。但另一個試圖得出這一結論的人是休謨。雖然休謨本人並不是「公平理論家」(theorist of fairness)，但我們可以運用他的某些推論來證明，我們大家的確從國家獲得了利益。

休謨採取的第一步是證明，如果我們生活在一個用法律規範——如關於私有財產、人身安全的法規——來治理的社會，我們每個人就能享受到社會的好處。我們當然也要作出短期的犧牲，但從長遠來看，法治會給我們帶來補償。只有每個人都守法，法治才能強大，所以遵守法律其實是符合每個人的個人利益的。

然而遵守法律真是符合我們每人的利益嗎？果真如此的話——正如休謨所說——在懲罰的威脅下我們才會遵守法律，就太奇怪了。如果遵循法律規章符合我們的利益，為什麼我們不能自行遵守法律，無須法律來強迫我們呢？

休謨的答案其實就是，人類不善於按照理性來行動。假若我們可以選擇兩種行動，一種行動能使我們立即得到小利，另一種行動能帶來更大利益，但要等待更長的時間。休謨認為，儘管採取第二種行動最終更符合我們的利益，但如果讓我們自己作決定，我們通常都會選擇第一種行動：

> 儘管我們完全相信第二種選擇強於第一種，我們卻不能用這一判斷

---

24 《人性論》，引文頁碼根據 *Treatise of Human Nature*, ed. L.A. Selby-Bigge, BK III. Oxford: Oxford University Press, 2nd edn., 1978 年。

來指揮自己的行動，而會聽從情感的誘惑。情感則總是偏向於近在眼前的東西。

　　正因為這個原因，人的行為經常違背自己已知的利益；具體地說，他們更喜歡現時能到手的小利，而不願維護社會的秩序，那主要依靠的是遵守法律。(《人性論》，535頁)[24]

　　因此，在休謨看來，遵守法律符合我們自身的利益，但這利益過於遙遠，所以我們可能對近期的、更小的利益感興趣，這利益可以通過不守法而得到。休謨認為，如果我們每個人都追求自己的短期利益，不按法律的要求行事，那社會就會崩潰，從而給大家都帶來極大的不幸。所以理性告訴我們要追求長遠利益，遵守法律。然而，休謨說，雖然理智告訴我們應當這樣做，但光有理智還不足以促使我們行動。休謨認為，理智是「情感的奴僕」。我們不理智的感情，我們對眼前利益的偏好，總會輕而易舉地壓倒我們的理性思索。

　　所以，休謨說，既然「不可能改變或更正我們本性中根深蒂固的東西，那麼我們最可能做到的就是改變我們的環境和條件，使遵守法律成為我們最近期的利益。」(《人性論》，537頁)。換言之，我們需要設法使守法能有利於我們的近期利益。只有這個方法能使我們遵守法律，從而又能得到我們的長遠利益。

　　因此，休謨說，我們應當建立一個行政官員制度，這些官員有權制訂法律，有權通過懲罰手段來保證法律的實施。遵守法律已經是符合我們長遠利益的，而對違法者的懲罰又使守法符合我們的短期利益。強迫人們守法是必要的——我們其實應當歡迎這一點——因為在人類動機的形成中理性的力量是很薄弱的。必須用強迫的手段使人們採取為符合理性的自身利益服務的行動。

　　休謨這樣論證的用意是說明政府的好處，解釋為什麼我們一般都願意接受國家，即使它並不是建立在得到我們贊同的基礎之上。證明我們有服從國家的道德義務，這屬於更進一步的論證。嚴格地說，這不是休謨的目標。但像哈特那樣的「公平原則」理論家們則試圖作出比休謨更進一步的論證。我們都從國家的存在中獲益，但公民們如果只是享受利益卻不肯承擔創造這些利益所須付出的代價，這就很不公平了。這代價就是政治義務。所以根據公平原則我們有責任承擔服從國家的義務。

　　然而我們真有這樣的責任嗎？如果獲得了自己未曾主動索求的利益，我們必須回報嗎？回到早先的例子，如果我沒有要求別人給我買啤酒，輪到我的時候，我就必須給別人買酒嗎？如果我事先就表明，我不打算給大家買酒，那麼，我是否可以白喝別人為我買的酒？當代哲學家羅伯特‧諾齊克(Robert Nozick)在《無政府主義，國家和烏托邦》[25]中說，未求而自來的利益並不產生回報的義務。他舉了這樣一個例子：鄰里中有人發現了一個公共廣播系統，便利用這個系統開展娛樂活動。大家輪流，每人一天，負責為大家廣播——放唱片，講笑話等。你享受了 137 天別人提供的這種服務，但到了第 138 天，輪到你的時候，你有責任耗費一天的時間為大家服務嗎？(《無政府主義，國家和烏托邦》，93頁) 諾齊克認為，你顯然沒有這樣的道德責任。但根據哈特提出的公平原則，你的確有這樣的責任。你畢竟已經享用了公共廣播系統的好處，所以現在輪到你來承擔義務，為別人服務了。因此，根據公平原則，你現在應當作出貢獻。

25 諾齊克(Robert Nozick)：《無政府主義，國家和烏托邦》。引文頁碼根據*Anarchy, State, and Utopia*. Oxford: Blackwell, 1974 年。

　　諾齊克為什麼認為你沒有這樣的責任呢？因為你沒有索求過這樣的利益，不管你喜歡與否，這利益都被提供給你了。也許你情願既不享受好處，也不承擔義務。然而不論你是否想要得到這些利益，如果我們說在這樣的情況下你有責任服從大家，那就等於授權別人可以將你不想要的東西強塞給你，並要求你付出代價。這就很難說是公平的了。

　　我們或許可以通過對公平理論的進一步陳述來剖析這個反面例證。或許只有在接受(而不僅僅是被動地得到)某種利益並了解其代價的情況下，人們才負有基於公平原則的回報的責任。在公共廣播系統的例子中，只有在接受整個娛樂計劃的條件下，你才負有講一天笑話的責任。任何人如果只接受利益卻逃避回報的責任，他就是一個剝削者，一個佔便宜的人，強迫他作出回報也就不能算是不公平。似乎可以說，如果根據這一點來修正公平原則，就能推導出強制性的義務。只享受利益而不付出代價是不公平的。

　　然而對原則進行這樣的修正之後，立即出現了另一個問題。那就是，如果產生出義務的利益僅僅是人們主動接受的利益，那麼我們就必須能夠區分主動接受的利益和非主動而享有的利益。但我們憑什麼來判斷一個人主動接受了國家提供的利益呢？不管怎麼說，我們又怎樣能拒絕國家給予的利益呢？無論是否願意，我們都享受着國家給予的全部或大多數利益。換言之，我們遇到了與討論「默認許可」理論時完全相同的難題。我們如何能使主動接受演變為純粹自動的享有呢？即使我們通過對「主動接受利益」的詳盡界定解決了這個難題，我們又會面臨這樣的可能性：有些人——無政府主義者或者還有其他人——也許會拒絕接受這些利益。即使他們也理解休謨等人所論證的國家的優越性，他們同時也看到了其他弊病，

因而情願既不享受利益也不承擔政治義務。於是，他們並不負有基於公平原則的責任來服從國家的權威。所以由此看來，正如基於「許可」的理論一樣，公平原則無法推演出服從國家的普遍義務。只有停留在哈特最初的「接受利益」論，公平原則才能推導出普遍義務。但正如諾齊克的例子所證明的，這一推論又會引出其他難題。總之，通過這一段簡略的陳述，我們看到，公平原則雖然改進了「許可」理論，卻仍不能解決政治義務的問題。

結 論

我們討論了一系列為政治義務辯護的理論，但它們全都存在這樣或那樣的缺陷。隸屬於契約論傳統的「自願論」無法解釋那些拒絕認可的人們為什麼要承擔義務。功利主義理論很可能具有人們無法接受的含義，因為它似乎——至少在原則上——允許犧牲無辜者的利益。只有當每個人都主動接受國家提供的利益時，公平原則才能成立。但這樣的事情不可能發生。這是不是意味着我們沒有任何政治義務呢？

我們首先應當明白，雖然這些理論各自無法證明服從國家是一種普遍義務，但它們當中的某些理論卻在一定限度內取得了成功。有些人主動表達了對國家的認可：例如擔任特別職務的人們，如國會議員、取得了國籍的移民等。還有許多人負有基於公平原則的責任，因為多數人自願接受國家提供的利益，我們從而可以推斷，他們相信承擔服從的義務是他們應當付出的公平代價。如果功利主義論證能被接受，那麼，國家的存在就完全能被證明是正當的。然而即使功利主義理論被拒絕，如果任何其他理論能以公認的道德原則為基礎，那麼，現代社會中的大量成員都將願意承擔政治義務。只

有相對少量的公民會逃避這一義務。

會產生什麼後果呢？沒有一個國家願意看到，國境內的某些居民竟不承擔任何政治義務。例如，區分承擔政治義務和不承擔政治義務的人們，這一任務將給國家官員帶來極大的實際困難，尤其是有些人會鑽空子，冒充不承擔政治義務的羣體成員。這樣一來，即使國家從理論上承認，某些人可以不承擔政治義務，但在實踐中國家不得不忽視這一點，而仍然按照普遍政治義務的假定來行動。國家當然會允許有某些例外，但或許只是在特別的、清楚地界定了的範圍內。也許和尚和吉普賽人可以不交納某些稅項。某些羣體可以不服兵役。但沒有一個社會羣體可以不承擔任何政治義務。

然而，如果一個國家真的把理論付諸實際，承認國家無權干預某些人的生活，這是否會給其他人帶來困難？不一定。有些人不必承擔政治義務，但這並不是賦予他們傷害別人的權利。這些人仍須承擔一整套道德義務。進一步說，至少是根據洛克的理論，所有的個人都有權實行道德法，即使在政府不存在的情況下。所以，在政府存在的情況下，那些自認為隸屬於國家的人們，在受到來自獨立於國家的人們的威脅時，可以求助於國家權力的保護。既然國家的法律不能以特別的權威來約束那些自認為獨立於國家管轄的人們，多數道德觀念都授予我們以最恰當方式自衛的權利：在現在的情況下就是尋求國家的保護。因此，獨立於國家者的存在並不意味着我們不能用國家的權威來保護自己不受他們的侵害。在某些獨立者存在的情況下，我們照樣能生存得很好。例如外交使節和其他享有外交豁免權的人們。從一方面來說，他們所居住的國家對他們沒有管轄權。但這並不等於說，國家官員可以允許他們為所欲為。一個外交官如果在購物中心揮舞一把斧子，警察可以正當地收繳他的

武器，就像我們在類似情況下正當地對付自己人一樣。不管對付外交官還是自己人，我們不能做的是對他執行法律的處罰，或是過度使用自衛權，至少在沒有進一步得到權威部門許可時，我們不能這樣做。

當然，沒有一個國家允許疆土內的所有成員都可以不承擔政治義務。外交豁免權是在國際慣例規限下的一種特例。法律將對所有的人實施，即使在某些情況下國家要採取非法行動。但是，當國家要採取非法行動時，它必須得到多數公民的同意。

3 應當由誰治理？

Who Should Rule?

引 論

> 英國人民自以為是自由的；他們是大錯特錯了。他們只有在選舉國會
> 議員的期間才是自由的；議員一旦選出之後，他們就是奴隸，他們就
> 等於零了。在他們那短暫的自由時刻裏，他們運用自由的那種辦法，
> 也確乎是值得他們喪失自由的。(盧梭：《社會契約論》，266頁)

不管我們是否認為國家的正當性已經得到證明，事實上國家已
經存在。而且從我們所處的當前歷史時期來看，很難想像這一狀態
如何能夠真正改變。每個人，即使是「富於哲理的無政府主義者」
也對我們應當有怎樣的國家和政府這個問題感興趣。政府應當是什
麼樣子？誰來治理？一般的看法是，只有民主政府能夠被證明是正
當的。別的政府——暴政，貴族政府，專制君主制——都會失敗。
那麼，民主政治是什麼？民主政治真那麼好嗎？

我們聽說，民主政治就是「民有、民治、民享」的政治。「民
有」的含義是政府為公民而存在，而不是為統治者的利益而存在。
用邊沁的話來說，民主政府是「為被統治者的利益」而治理。但其
他類型的政府也可以做到這一點。伏爾泰(Voltaire)為「仁慈的專制」
辯護說，在這樣的制度下一位開明的專制君主無須聽取被統治者的
意見也能為他們謀利益。對比之下，民主制顯然是由人民來治理的
制度：一種集體的自治。這也就解釋了為什麼民主政治是「民享」
和「民治」的政治。剛才提及的三項中的第一項——「民有」——
初看起來似乎是一種沒有什麼意義的概念：非民有的政治是什麼樣

的政治呢？是無政府主義嗎？然而民主國家只對構成其選民的那些
人擁有治理權。統治一個屈從的階級或是一塊甘願臣服的領土被
認為是與真正的民主理想背道而馳的。

現代理論家顯然至少會同意，民主政治應當最能符合上述三個
特性。然而除此之外，對於什麼是民主，大家存在着巨大的分歧。
在當代政治中，人們普遍認為民主是「好東西」。民主性經常被當
作衡量一個政權的合法性的標準。如果一個政府或國家被認為是不
民主的，就會招來國際社會的強烈批評。即使是「民主」這個名稱
也會被爭來搶去，有些看來很不民主的國家也要在國名中加上民主
二字。第二次世界大戰後德國一分為二。迫使德國分裂的蘇聯人立
即為東德取名為「德意志民主共和國」，而盟國只好把西德稱作「德
意志聯邦共和國」，雖然至少在西方評論家看來西德顯然遠比東德
更接近他們的民主理想。

然而，民主真的與它當代的聲望名實相符嗎？不管怎麼説，在
人類歷史的大部份時間裏民主幾乎在所有地方都受到憎惡。民主直
到最近才開始大行其道，在古希臘也曾曇花一現──儘管是一種極
為有限的民主──但在從古希臘到近代的二千多年中我們很難找到
一個民主國家。假若民主真像人們常説的那樣好，為什麼歷史上如
此眾多的思想家都會否認它呢？

再説，並不是所有的當代理論家都認為民主很美好。與其説他
們懷疑民主的價值，還不如説他們否認民主這個概念的嚴密性。人
們説，「民主」不是一種政治制度的名稱，而是一個表示稱讚的褒
義詞。根據這一看法，嚴密的「民主」理論是不存在的。沒有一種
政治制度會得到所有主張民主的人們的贊同。

這樣的批評可能有些誇大其辭，但總還是有些道理。民主理論

中存在着嚴重的矛盾，我們應當先探討一下建構民主理論時遇到的幾個最基本的問題，然後再討論贊同與否定民主的那些論證。

我要提到的民主理論中的第一對矛盾存在於這樣兩個觀點之間：一是把民主看作一種「多數人統治」的制度；一是認為民主要「尊重個人」。如果一個人抗議說，「我認為我們國家是講民主的」，這個人話中的含義往往是他受到了某種不公正的待遇；也許因為要修路他的住房被強迫徵購；也許在他家附近計劃修建一座新機場；也許當地的公立學校沒有錄取他的孩子。不管實際情況如何，這個人抱怨的原因是個人的利益或權利沒有得到充份的尊重。而這就是不民主。

但這真是不民主嗎？假若百分之五十一的人都同意修那條路，或是同意建那座機場，或是認為學校不應當錄取他的孩子，那麼，作為多數人統治的民主似乎就意味着對他的個人利益作如此處理絲毫也沒有違背民主。多數人作出了不利於他的決定。

我們看到了處於民主理論之核心的一個矛盾。托克維爾(De Tocqueville)用「多數的暴政」[26] 的說法很好地概括了這個矛盾。約翰‧密爾進一步發揮說，在民主國家大規模涌現之前，人們一般認為如果人民為自己的利益而治理，就不可能會有政治壓迫。如果人民自己管理自己，他們怎麼會通過壓迫自己的法律呢？但是，正如密爾所說，這一觀點的錯誤在於把人民看作了只有一種利益的一個統一的整體，因而每項政策會對每個人發生完全相同的影響。我們的情況並非如此──我們有不同的目標、利益、計劃；我們住在不

---

26 托克維爾，Alexis de Tocqueville(1805-1859)，法國歷史學家，曾著《美國的民主》(*Democracy in America*)。「多數的暴政」原文為 tyranny of the majority。

同的地方，壽命長短也各不相同——因此，我們不難看出，多數人通過的一項法律也許會對少數人產生極為不利的影響。這是不民主嗎？如果你認為民主國家必須保護所有個人的利益，答案就是肯定的；如果你認為民主就是由多數人來治理，答案就是否定的。

密爾認為，必須採取措施以防止多數的暴政佔優勢。下一章裏將詳細討論他的觀點。現在我們要說的是，民主理論必須確定，民主究竟在本質上是一種赤裸裸的多數統治原則，還是按照詹姆斯·麥迪遜的觀點，(詹姆斯·麥迪遜常被稱作「美國憲法之父」[27])民主制度應當保護少數。

第二個引起爭議的問題涉及「代議制」民主(representative democracy)和「直接」民主這兩種模式。直接民主制中公民直接投票表達對法令和政策的意見，而不是針對候選人投票。理想的直接民主是將每一個重大問題交給全體選民通過投票來表決。代議制民主則是我們更熟悉的制度，是由公民投票選舉出他們在政府中的代表。這些代表們再去制訂法律。直接民主似乎更符合純粹的民主精神，但這種民主模式實際上從未在現代社會中存在過。現代民主社會一直採取代議制模式，通過選舉來確定由誰組成政府，而不是用投票來決定當前的具體事務。如果代議制被認為是不民主的，那麼世上就從未出現過任何大型的民主制度。這是許多批判當代「自由民主制」(liberal democracy)的人們得出的結論。他們說，民主是好東西，但我們從未得到過它。

這兩種爭論——多數治理與個人權利；代議制與直接民主——都是建構民主理論時最根本的問題。但這兩個問題還遠沒有窮盡所

---

27 詹姆斯·麥迪遜，James Madison(1751-1804)，第四屆美國總統。

有的爭議。例如古希臘人曾認為對候選人投票的辦法不民主：未當選者沒有得到同等的機會！因此應當通過抽籤來遴選當政者。另一些理論家建議說，我們應當找到方法來測量和考慮不同個人的偏好的強度。根據這一觀點，少數人的強烈偏好應當優先於多數人的淡漠偏好。我們也不能忽略如何確定誰有投票權的問題。古希臘民主制中僅是人口的極小部份擁有選舉權：沒有選舉權的人包括婦女、奴隸、僑民，即使他們世代居住在希臘境內也不例外。在現代，婦女在英國一直享受不到與男子同等的權利，直到1928年情況才有所改變。「外來工作者」至今在許多國家仍沒有選舉權。

在另一層次上，我們常遇到關於選舉程序的爭論，這雖不是像選舉權那樣的根本性問題，卻更為錯綜複雜。許多歐洲國家長期爭論究竟應當採用最近在意大利實行的那種比例代表制；還是在英國實行的「票數決定／簡單多數」選舉制。這類論爭當然有十分重大的意義，對選舉制的選擇也將具有深遠的影響。例如，人們經常說希特勒上台靠的就是德國的比例代表制。但從更具理論意義的角度來看，我們更緊要的任務是弄清楚民主究竟應當是什麼，以及為什麼民主是有價值的。探討這些問題的第一步是討論最強有力的一個反民主的觀點，即柏拉圖在《理想國》[28] 中陳述的看法。通過討論這個從懷疑論角度否定民主之價值的觀點，我們可以看出民主是否符合人們對它如此經常的褒揚。

---

28 《理想國》(*Republic*)，引文頁碼根據 *Republic*, ed.H. P. D. Lee, Harmondworth: Penguin, 1955 年。譯文參照商務印書館 1986 年譯本，原譯者郭斌和、張竹明。

柏拉圖對民主的批判

> 請設想有一隊船或一隻船，船上發生這樣的事情：船長身高力大超過所有船員，但耳朵有點聾，眼睛不怎麼好使，航海知識也不太高明。船上水手們都爭吵着要替代他做船長，都說自己有權掌舵，雖然他們從未學過航海術，也說不出自己何時跟誰學過航海術。而且，他們還斷言，航海術是根本無法教的，誰要是說可以教，他們就跟他拼命。同時，他們圍住船長強求他，不擇手段地騙他把舵交給自己。如果他們失敗了，別人被船長同意代為指揮，他們就殺死別人或把別人扔出船去，然後用麻醉藥或酒之類東西把誠實的船長困住。他們奪得船隻的控制權，於是盡出船上庫存，吃喝玩樂，將這次航行變成你可以想像得到的花天酒地的游樂。不僅如此，他們尊敬曾經幫助他們用武力或陰謀從船長手裏奪權的人，稱贊他的航海術、領航術和海洋知識，把別的人都罵作廢物。他們不知道，真正的航海家必須研究一年中的季節、天空、星辰、風雲以及其他一切與航海有關的事情，如果他要成為掌管船隻的合格人員的話。他們認為學會掌管船隻所需的技術是不可能的(不管他們是否想要掌管船隻)，而且世上根本就沒有所謂航海術。在發生過這些變故之後的船上，水手們難道不會把真正的航海家看作嘮叨鬼、望星迷和大廢物嗎？(柏拉圖《理想國》，282頁)

柏拉圖批判民主制時利用了民主理論中另一個明顯的矛盾。正如「君主制」指的是「由君主(monarch)來統治」，「民主制」就是「由民(demos)來統治」。但是，這個「民」(demos)是什麼？古希臘文中這個詞可以指「人民」，也可以指「暴民」。根據後一個詞義，民主就是暴民統治，就是由暴虐、粗俗、愚昧、無能的羣眾來統治。

　　然而對民主的這種貶斥只不過是柏拉圖主要的反民主論點的前奏。他運用的主要武器是所謂「技藝的比喻」(craft analogy)。道理很簡單：假若你生了病想看病，你會去找一個專家——醫生。換言

之，你會去找一個受過專門訓練的人。你不會去召集一伙人，讓他們投票表決出正確的治療方法。

國家健康的重要性並不亞於任何個人的健康。政治決策——維護國家利益的決策——需要判斷力和技巧。柏拉圖說，這決策權應當交給專家。讓人民作決策就像是航海時讓乘客們出主意，不任用或是排斥那些真正掌握航海術的人。柏拉圖說，用這樣的方式航海，航船就會迷失方向，失去舵手。對國家這艘航船來說，道理也是一樣。

但我們到哪裏去尋找專家統治者呢？柏拉圖的答案很簡單，而且對許多可能會讀他著作的那些人來說，聽起來很像是對統治者的恭維。只有在一種情況下才可能建立公正的社會，那就是君王變成哲學家，或是哲學家變成君王。柏拉圖說，哲學訓練是統治者必須具備的條件。柏拉圖要求統治者成為哲學家，這不僅僅指花費幾年時間閱讀哲學書籍，思考哲學問題。柏拉圖設計了對「護衛者」(guardian)終生進行教育的計劃，在早期階段不僅教授文化，而且教授音樂、數學、軍事、體育。三十歲以後才開始學哲學。學五年哲學，然後在軍隊中服務十五年。表現優異者可以永久地轉向哲學：只有在輪到他從事「令人疲憊的政治活動」時才暫時終止學習。

如果詳細討論這些問題以及柏拉圖《理想國》中的其他方面，我們就會離題太遠了。具體地說，我們無法探討柏拉圖要求「護衛者」們掌握的那些知識的特點和內容。但我們要記住關於技藝的比喻。就像行醫、航海，甚至種田一樣，政治統治也是一種技藝。必須要經過特別的訓練，而且並非每個人天生就具備掌握這門技藝的條件。治病應當是專家的事情，醫術只能教授給適合學醫的學生，同樣的道理也適用於政治統治和統治術的訓練。偏離這條道路就會

引起不良後果，而徵詢大眾的意見則必會帶來災難。

表面看來，柏拉圖批判民主的論證似乎可以徹底否定民主了。如果統治是一門技藝，而且只有少數人能掌握的技藝，那民主簡直就是一種荒謬和非理性的東西。為民主辯護的人們必須對「技藝的比喻」作出回應。然而，這個比喻有缺陷嗎？

護衛者的問題

首先，柏拉圖提出的政治制度是一種專制，就像我們可以運用某些理論來批判民主制一樣，我們也可以運用另一些理論來批判專制制度。柏拉圖説，通過教育「護衛者」可以培養出一批專家統治者。即使我們承認這一點，也絕不等於同意把掌管我們命運的權力拱手奉送給他們。

這並不是説我們決不應當聽從專家的意見，而是説，將不受限制的權力交給專家等於自招災禍。你可以聽取醫生的意見，可以向建築師諮詢，但如果「醫生的命令」具有法律效力，如果建築師有權分配住房，那不就麻煩了嗎？不管他們的專業技能有多麼高，我們為什麼要聽憑他們來代替我們作決定呢？也許他們在損人利己方面也有高超的技藝呢。

這樣的辯駁已經是老生常談了。我們用什麼來防止「護衛者」——哲學王(philosopher king)——以權謀私呢？統治者是一名專家，這話很難讓人放心。如果我們知道統治者可能會腐敗，我們倒會希望他能力低下。至少這樣或許能減輕一些腐敗的危害。用柏拉圖的話來反駁他：誰來看管護衛者呢？

柏拉圖並未忽略這個問題。他的答復是，護衛者必須處在腐敗的機會最小的地位。比如，哲學王不允許擁有私產。這樣似乎就不

會出現我們在現代社會常見的那種大規模的腐敗：統治者家族或集團靠剝奪人民而聚斂財富。在柏拉圖的制度裏這當然是辦得到的——先決條件是禁止統治者擁有私產的規定能夠被執行。

然而如果假定這一規定的確能夠得到執行，我們似乎又陷入了相反的困境。如果護衛者過不上錦衣玉食的生活，他們為什麼會願意當這份差使呢？如柏拉圖所說，這些護衛者都是哲學家，他們更願意花費時間來讀哲學，談哲學，想哲學。他們憑什麼會犧牲自己的時間來當統治者呢？柏拉圖的回答從某種意義上說是消極的。護衛者同意出來治理國家，不是由於能從這一角色中得到內在的或外在的報償，而是因為他們不統治人民，別人就會統治他們。為了不被別人——更糟的是被所有的民眾——所統治，他們只好勉強接受這個職務。

如果護衛者決定違反關於禁止擁有私產的法律，或是打算通過正當程序修改這條法律，誰有權威和力量來阻止他呢？所以柏拉圖提議的防止腐敗的法律並不能使我們完全放心。如果對這個問題的答案是：適當的哲學教育能培養出不受誘惑的人來，那麼，我們的辯駁是：在全體選民的面前受到充份、恰當的公眾監督，這個辦法要可靠得多。

更進一步的難題是如何委派護衛者。柏拉圖認為可以從年輕人中挑選未來的護衛者，通過各種艱苦的考驗，能夠選拔出最優秀的人材。這看來是完全可行：部隊裏的將軍就是這樣逐級升遷上來的。但在選拔護衛者的問題上，我們仍會懷疑他們作為統治者的條件是否會被全體公民所接受。多數人畢竟未曾受惠於哲學教育。

所有這些反對意見總合起來會得出什麼結論呢？仍然是一條：我們對柏拉圖的體制感到很不放心。他設計的社會無法保證護衛者

們永遠能抵制腐敗的誘惑。人民很可能不會接受他們的統治。但以上對於柏拉圖的設想的批評還不能構成對民主制度的有力辯護。也許問題的答案是另一種非民主的制度。再説一遍：如果統治是只能被少數人掌握的一門技藝，那麼讓芸芸大眾來作政治決策就是十分荒謬的了。

知識與利益

另一種觀點可以幫助我們把論證推進一步。柏拉圖説，統治者需要具有專業知識。但這種知識是可以學到的嗎？如果世上根本沒有什麼「專家統治者」，那麼柏拉圖對民主制的非難就不辯自敗了。

有的論者説，對於專家統治者掌握特殊層次的知識的説法，我們應當持十分懷疑的態度。人們常説，任何人對任何事的認識都不是絕對的。實際上對任何知識——政治、科學、哲學——的掌握都不會是無懈可擊的。所以，如果把對任何問題的決定權都交給所謂的專家，我們就是在對他的能力的判斷上欺騙自己。

貶低某些當權者的智力往往是一件快事，但這對我們的論證沒有多大幫助。誰也不可能絕對地認識某件事，這一事實——如果是事實的話——無法駁倒一個更普通的常識：有的人比另一些人具有更好的判斷力。例如，像許多人一樣，我經常懷疑醫生自稱的對醫術的了解。但如果我懷疑自己的腿骨折了，我就會去找醫生，儘管我完全相信，醫生都會犯錯誤，包括極為嚴重的錯誤。而理性使我們相信，那些沒有受過醫學訓練的(例如流行報刊上經常揭露的那種冒充醫生的江湖騙子)會把事情搞得更糟。所以，雖然絕對正確的知識是不存在的，但這不等於説在每一門學科中，每個人的知識，或無知，都完全相等。這種試圖駁倒「技藝的比喻」的觀點是在斷

言，技藝實際上根本不存在。這種觀點太不合常理了。

即使在別的領域中存在着專門知識，在政治統治方面卻沒有任何專門知識可資利用，這一判斷是否也欠妥當呢？這種說法也令人難以相信。當今的統治者需要掌握經濟學、心理學，以及有關人類動機等方面的精細的知識。統治者需要(即使他們並非總是具有)高度的智慧，超負荷承受工作的能力，極強的記憶力，良好的處理具體問題的能力，以及掌管和指揮他人的能力。如果認為每個人都具有同樣的擔任統治者的潛在能力，那就太荒謬了。我們可以很有把握地說，政治統治——至少在很大程度上——是一門技藝。

但是，這一批駁可以把我們引向更能取得成果的方向。我們或許可以發揮下面這個觀點：政治決策有其獨特的一面，它不同於通過表決來決定是否應當截去敗壞的肢體。為了說清這一思路，我們可以更進一步研究民主制中投票行為的性質。柏拉圖認為，投票的理由是就最有利於國家利益的選擇表達意見。顯然這往往只是投票的一個功能。但柏拉圖似乎認為投票的全部意義就在於此，所以他得出的結論是，最好把作決定的權力交給專家。然而，如果我們能夠論證，除了就公共利益表達意見之外投票還有其他功能，那麼，我們或許能夠為民主制作更為有力的辯護。

本章開頭曾提及，民主政府是民享的政府，也就是為被統治者謀利益的政府。儘管柏拉圖反對民主制，但他也認為統治者應當為民眾的利益着想。他反對的是通過民治的體制來實現這個目的。為民主辯護的一條途徑是證明柏拉圖的觀點站不住腳。民享必須通過民治來實現。

怎樣證明這一點呢？柏拉圖鼓吹的實質上是一種仁慈的專制。然而即使專制主想要替人民謀取利益，他如何能了解人民需要的利

益是什麼呢？在民主制中人民看來是通過投票來顯示他們的利益所在：他們為自己的要求而投票。因此投票不僅僅是一個決策過程。投票這種方式顯示或表達了決策所必須考慮的信息：人民要什麼。沒有某種投票程序，人民的意願如何能被了解呢？

柏拉圖或許會說，護衛者不僅是仁人，而且是專家。他們有智慧，有知識。柏拉圖所說的君王都不是我們在現代社會中常看到的那種誇誇其談而又不學無術的暴君。柏拉圖的君王都是哲學家。但我們可以問柏拉圖，哲學知識真能使他們了解民眾的利益嗎？邏輯學和形而上學無法告訴你人民想要什麼。倫理學，甚至政治哲學也不具備這樣的功能。哲學知識與對事實的了解看來屬於兩個很不相同的領域。

然而政治決策應當對人民的意願作出回應嗎？也許決策應當回應的是人民的利益——什麼對人民最為有利。對人民利益的了解果真是哲學訓練所能提供的一種知識嗎？也許每個人的利益都是相同的。在這樣的前提下，哲學家精細的分析能力使他們具備了解民眾利益的最佳條件。然而，不管柏拉圖怎樣看待這個問題，不管最深邃的形而上觀點能得出什麼結論，從事實上看人們的利益絕不可能完全相同。例如，某處正在考慮修建一條大道。修路可能對某些人有利，對另一些人則可能不利：某人的店鋪正位於舊的交通要道之上。有些人希望新大道走某一條路線；別人則希望新大道走另一條路線。修路從許多很不相同的方面影響着人們的利益。所以需要考慮的是多種的、相互矛盾的利益。閱讀哲學書籍不能為解決這樣的問題提供答案。

另一方面，這個例子也會使我們十分懷疑民主的價值。從相互矛盾的意願和利益中如何作出決策？情況很可能是，由於存在着兩

種以上的選擇(新路可以通過幾種不同的路線)，沒有一種選擇能得到多數人的支持。即使一種選擇得到了多數人的支持，我們是否就應當接受多數人的選擇呢？也許這對少數人極不公平(請記住麥迪遜所說的民主制保護少數的原則)。我們肯定需要這麼一個人，他了解所有與此相關的利益，卻又具有所羅門的智慧，能夠作出最公正、最明智的裁決。這一點顯得更為必要，如果我們接受第二章談及的休謨的觀點，即人們在長遠利益與近期利益相左時很不善於作出符合自身利益的判斷。總之，我們的論證至多能夠支持對民眾意見的細致調查，卻還不足以用來為民主制辯護。

到目前為止，民主似乎處在更為不利的地位。柏拉圖說我們需要專家統治者。民主的辯護者回答，專家需要了解民眾的利益，而只有投票能顯示民眾利益之所在。對這一點的回答是，並非只有投票才能顯示人民的利益，民意調查或許更為有效。另一個更大的難題是，我們實在無法確切地知道投票究竟使我們對民眾的要求和利益有多少了解。

為了說明問題，我們來舉一個很普通的例子。假設一羣人爭論在他們共同生活和管理的公共場所是否應當允許吸煙——也許這是一所學生宿舍。再假設，他們都同意作出少數服從多數的選擇。如果——這是唯一條件——多數人認為應當允許在公共場所吸煙，這羣人是否就會投票贊成吸煙呢？初看起來這可能是必然結果，但細想一下，則會感到未必如此。有些人在投票時的確像是在回答「你贊成還是反對抽煙？」這些人確實會按照自己的偏好來投票。但另一些人投票時卻像是在回答「你認為抽煙應當被允許嗎？」於是有些吸煙者可能會對自己的愛好投反對票，理由是吸煙者不應當使自己的行為對別人產生壞的影響。有些不吸煙的人也可能投違背自己

偏好的票，理由是抽煙與否是一件由個人來決定的事情。也就是說，這些人沒有按照自己的利益來投票，他們的投票行為並不反映他們自身的利益。

這樣看來，我們沒有把握認為民主能夠顯示個人的利益和要求。有些人會按自己的意願投票。另一些人把自己的偏好和利益放在一邊，然後按照他們的道德觀來投票。我們無法肯定任何一批選民投票的動機是什麼：其實他們自己可能也不清楚。

後果是什麼呢？如果人們並不總是按照自己的偏好來投票，那我們就不能說投票程序自動地顯示了多數人的偏好。那麼投票究竟顯示了什麼？如果人們投票時懷有多種動機——有的出於個人偏好，有的出於對公益的關注——那麼，投票結果顯示的僅僅是：多數人投票作出了一種選擇，放棄了另一種選擇。我們無法確信多數人是否認為投票結果符合他們的利益，也無法確信多數人是否相信投票結果符合公眾利益。簡言之，「多種動機投票」(mixed-motivation voting)是一種混亂局面。更糟的是在當今這種局面是很正常的。

投票與公益

「多種動機投票」的問題迫使我們確定投票者應當具有何種動機。我們是否能保證投票者在實踐中抱有那種動機，或許是更大的一個難題。不過我們還是先來討論理論問題吧。

假如我們不願接受「多種動機投票」，看來我們就必須在兩種模式中作出選擇：一種是投票者按照自己的偏好來投票，另一種是投票者根據他們對公益的判斷和意見來投票。頭一種選擇的問題是，如前面所說，在了解投票者的偏好方面它遠沒有民意測驗的方式有效。但第二種選擇——所有的人按照自己對公益的判斷來投票

——可以用來為民主辯護。

然而，如果我們假定人們會按照自己的公益觀來投票，那我們就需要對民主作出新的論證。上一次的論證說，沒有投票統治者就不可能知道人民的要求是什麼。但假如人們按照自己的公益觀投票，那麼投票仍舊無法反映人民的要求。它只能告訴我們多數人對公益的意見，而不能反映多數人的偏好是什麼。

然而這卻提示了一個不同的為民主辯護的論證。如果我們允許人們按照自己對公益的意見投票，並且採納多數人的選擇，我們就很有可能得到正確的選擇。民主的好處在於，現在看來它是顯示公眾利益的一個很好的方式。

不幸的是，這一論證似乎又使我們面對着柏拉圖的詰問。我們憑什麼要相信一羣烏合之眾的投票，而不肯讓訓練有素的專家來作決定？我們同樣可以從羣眾中隨便叫一個人來領航，開藥方，照料牲畜，等等。我們有什麼理由相信民眾做這些事情比專家強呢？

令人驚奇的是，的確有一個理由。法國哲學家、政治理論家孔多塞[29]提出了一個非常有趣的數學論證，似乎證明了讓民眾為公益投票的優越性。孔多塞認為，如果我們假設，民眾——平均而言——有超過五成的可能作出正確的判斷，那麼，讓多數人作決定就會是獲得正確選擇的好辦法。如果有大量的人來投票，作出正確選擇的可能性就相當大。假設有10,000選民，每個人作出正確選擇的可能性大於作出錯誤選擇的可能性，那麼，多數人的決定最終肯定是正確的。

---

29 孔多塞(1743-94)，Marie Jean A. N. Caritat, the Marquis de Condorcet.

　　孔多塞的論證似乎是對柏拉圖的有力反駁。然而我們應當明白，這一論證必須建立在兩個先決條件之上。第一，平均而言每個人作出正確判斷的可能性超過五成(在大規模投票的情況下孔多塞對這一點的估計是很悲觀的)。第二，每個人投票的動機必須是自己對公益的看法而不是被別的利益所驅動。如果第二個先決條件不能實現，那麼我們就回到了我前面所說的「多種動機投票」的混亂局面。如果第一個先決條件不能實現，情況就更糟了。如果平均而言人們作出錯誤判斷的可能高於正確判斷，那麼我們幾乎可以肯定多數人的投票會作出錯誤的選擇。

　　因此只有在這兩個先決條件得到滿足的情況下我們才能反駁柏拉圖的論點。這兩個條件能得到滿足嗎？有一位哲學家憑直覺對這一問題抱有堅定的看法，那就是盧梭。(儘管在孔多塞數學論證問世之前二十多年盧梭就已經發表了關於民主的主要論著。)我們的確有理由認為，盧梭的《社會契約論》──以及其他著作──試圖論證在何種條件下民主制會比護衛官體制更優越。然而在我們細論盧梭的觀點之前，還必須看一看對柏拉圖的觀點作補充的另一個論點。

民主的價值

　　到此為止，我們已經討論了，在實現某一目標方面民主制是否優於柏拉圖的護衛官體制。具體而言，我們已將這一問題減縮為民主制是否能實現公益。但這個問題提得有些古怪。許多人會說，即使民主制並不比別的體制更有利於實現公益目標，我們仍應當贊成民主制。換言之，至此為止我們只探討了是否可以從工具論的角度為民主辯護：我們是否可以憑藉民主來實現我們認為有價值的某個目標？然而我們或許應當考慮另一個問題。民主是否具有某種內在

的優越性呢？就是說，即使民主並不總是能夠被用來達到預期的目的，我們是否也可以說民主是優越的呢(至少在某一個時期之內)？

順着這條思路，我們又需要回到關於技藝的比喻。技藝的比喻所依據的前提是，統治是一門技藝：是實現某一客觀目標的技能。柏拉圖說，證明民主的正當性的唯一依據是看它是否能夠完好地實現既定目標。但是眾所周知，我們把技藝看作寶貴的東西並不僅是因為技藝帶來的成果，也因為技藝本身，至少有時候是這樣。我們或許可以打一個與論題不太協調的比方：比如把技藝當作一種愛好。即使你的愛好是像做木工這樣實際的手藝，也很少是因為憑藉它能有效地製造出某種產品。你或許能做一張好看的桌子，但從你所花費的時間來考慮，肯定在百貨公司可以用更少的代價買到更好的桌子。愛好使人們能夠增強和檢驗人們的體力和智力，培養他們的自我價值感。這種價值與愛好所能製造的產品之價值無關。

這說明，衡量民主的價值不能單看它如何能實現公益，儘管實現公益也是一樁很重要的事情。所以我們應當重新評價「技藝的比喻」。柏拉圖將統治比作航海：為國家這艘航船操舵。如果讓羣氓來操舵，可以想像會出現如何混亂的情景：把航海變成一次「花天酒地的遊樂」——正如柏拉圖所說。我們永遠也無法到達目的地。

然而航海永遠具有到達某一預定目的地的明確目標嗎？以航海培訓為例：我們或許會讓每個人嘗試一下如何操舵。話說回來，國家航船的航行為什麼不可以是一次花天酒地的遊樂呢？至少，如果每個人都很快樂而且能安全地回家，這又有什麼不好呢？

此處要提出的一個嚴肅而重要的觀點是，政治決策中也許存在着某種價值，它不同於實現既定目標的價值。民主的辯護者說，民主制是寶貴的，這不僅僅，或不一定是因為民主制比別的體制更能

作出好的決策，而是因為民主程序本身是寶貴的。人們通常認為民主能體現我們最珍視的兩個東西：自由和平等。自由，據我們理解，就是讓人們在政治決策中享有發言權，尤其在決策對他們發生影響的時候。平等就是讓所有的人都享有這一自由權。在盧梭看來，政治秩序的問題就是「要尋找出一種結合的形式，使它能以全部共同的力量來衞護和保證每個結合者的人身和財富，並且由於這一結合而使每一個與全體相聯合的個人又只不過是在服從自己本人，並且仍然像以往一樣地自由。」(《社會契約論》，第一卷第六章，191頁)[30] 令人驚異的是，盧梭竟然認為自己能解決這個難題。任何一種政治制度怎麼可能讓「每一個結合者只不過是在服從自己」呢？現在我們來討論盧梭的理論，看他是怎樣既從工具論的角度(作為實現公益的手段)，又從民主本身的角度(作為對自由和平等的體現)，來證明民主的正當性。

盧梭與公意

> 如果兒童都同樣在平等的懷抱裏長大；如果他們都浸潤在國家法律和共同意志的規則之中；如果他們被教會將以上這些東西擺在最尊重的地位；如果他們周圍的事件和目標都不斷在提醒他們記住養育他們的善良的母親，記住她為他們付出的愛，記住他們從她那裏獲得的無法估量的恩惠，記住他們應當作出的回報，我們就不會懷疑，他們一定能學會像兄弟一樣相親相愛，學會排除任何與社會意志相反的意願，學會以人和公民的行動取代詭辯者無益的空談，及時地成長為他們將長期生活的那個國家的衞護者和創造者。(盧梭，《論政治經濟》，149頁)[31]

---

30 見前面有關《社會契約論》(*The Social Contract*)的注釋。

31《論政治經濟》(*Discourse on Political Economy*)，引文頁碼根據*The Social Contract and Discourses*, ed. G. D. H. Cole, et al. London: Everyman, 1973 年。

我們說過，柏拉圖認為統治需要通過特別的訓練或教育來學習。盧梭並不懷疑這一點，但他不承認只有少數人才配接受這種訓練。如果每個人都能掌握恰當的技能，然後作為「主權」的組成部份去扮演一個積極的──民主的──角色，那情況就會好得多。(盧梭所說的「主權」指以管轄自己的權威而集體行動的公民整體。)所以民主國家應當高度重視對公民的教育。

因此，盧梭主張訓練公民「排除任何與社會意志相反的意願」。這對國家的健康和生存是至關重要的。盧梭認為，當公民也意味着積極參與公共事務：「一旦公共服務不再成為公民的主要事情，並且公民寧願掏自己的錢口袋而不願本人親身來服務的時候，國家就已經是瀕臨毀滅了。」(《社會契約論》，第三卷第十五章，265頁)除了公共服務，盧梭還要求公民積極參與政治決策。通過一種直接民主的形式，所有公民都可以參加立法。然而對這一說法我們要謹慎地理解，因為盧梭在某些段落裏似乎又在反對民主制。

> 就民主制這個名詞的嚴格意義而言，真正的民主制從來就不曾有過，而且永遠也不會有。多數人統治而少數人被統治，那是違反自然秩序的。我們不能想像人民無休止地開大會來討論公共事務；並且我們也很容易看出，人民若是因此而建立起來各種機構，就不會不引起行政形式的改變。(《社會契約論》，第三卷第四章，239頁)

盧梭因而得出結論說，「如果有一種由神組成的人民，他們便可以用民主來治理。但那樣十全十美的政府是不適合於人類的。」(《社會契約論》，第三卷第四章，240頁)

我們應當怎樣理解盧梭的觀點呢？我們可以從「公意」(general will)這個不易理解的概念入手。首先，盧梭指出了眾意(the will of all)──每一個人的特殊意志的產物──與公意之間的區

別。前面提及按照本人的利益來投票與按照自己的是非觀來投票這二者的區別。按照第一種方式——本人的利益——投票，就是遵循自己的特殊意志。按照自己認為在道德上正確的目標或是公益來投票，在盧梭看來，就是按照自己對公益的理解來投票。

那麼，什麼是公意呢？請看下面這個比方。假若某公司有1,000名雇員，並有一百萬英鎊可以用於加薪。對每個雇員來說，他的利益是從這筆錢中獲得越多越好，因而可以說，在極限上每個人的特殊意志是為自己爭得一百萬英鎊的加薪。將所有的個人特殊意志加在一起就得出了眾意：加薪10億英鎊(1,000個百萬英鎊——譯注)，這筆錢當然不存在。但假如由一個均衡地照顧所有會員利益的工會來代表這些雇員，這個工會只能這樣行事：要來那一百萬英鎊，按照每人1,000英鎊在所有會員中均攤。這一結局代表了公意：它是向所有成員平等地分配利益的政策。這一政策並不符合任何一個成員的特殊利益，儘管它符合大家公共的利益。這個例子說明了所有公民的特殊意志與公意之間的區別。公意要求制訂平等地照顧每個人利益的政策。因此我們可以把公意看作公共利益。

盧梭也說過，公意若要真正成為公意，就應該「在它的目的上以及在它的本質上都同樣地是公意。」(《社會契約論》，第二卷第四章，205頁)也就是說，它必須適用於所有的公民。盧梭的意思是，公意只能制訂出——至少在原則上——影響着所有公民的法律，而不是只針對某些個人或羣體的行政命令。我們應當被法律治理，而不是被統治者治理。盧梭的論點是，要保證公意能夠體現公共利益。盧梭認為，在這樣的情況下誰也沒有理由投票贊成一項壓迫性的或不必要的法律，因為所有的人都同樣地受到所有法律的影響。作為主權者，人民制訂出體現公意的法律。

怎樣執行這些法律呢？不管怎麼說，法律經常會要求採取針對某些羣體甚至某些個人的行動。最顯著的例子就是法律制裁。盧梭的回答是，執行法律不是主權者的職責，而是行政部門或政府的責任。行政部門負責日常的管理。在盧梭看來，如果通過民主形式來執行這項任務，讓所有的人都來積極參與，那就太荒謬了。盧梭更傾向於由一個「選舉出來的貴族羣體」來執行這一任務——我們可以把它看作另一種民主——「讓最明智的人來治理羣眾，只要能確定他們治理羣眾真是為了羣眾的利益而不是為了自身的利益。」(《社會契約論》，第三卷第五章，242 頁)

請注意盧梭的制度與柏拉圖的體制之間的區別。儘管盧梭提出的方案是由最明智的人來治理羣眾，但我們要注意的是政府或行政部門的任務是多麼有限。政府不制訂法律，只是運用或執行法律。這任務其實不像聽起來那樣微不足道：政府有宣戰的權力。這是一項特殊的行動——它指向一個特殊的目的——所以作為主權者的人民無法為這一行動立法。人民所能做的只是訂立條款來規定在何種一般條件下可以宣戰。然後就要由政府來決定當時的情況是否符合所規定的一般條件，並採取相應的行動。所以柏拉圖的「哲王」與盧梭的「選舉出來的貴族」之間的主要差別是，盧梭的統治者沒有立法的權力。

如何立法呢？盧梭說，「惟有當人民集合起來的時候，主權者才能行動。」(《社會契約論》，第三卷第十二章，261頁)這就是盧梭的體制與當代民主制不同的地方。立法不是在國會，而是在人民大會裏進行。公意正是在人民大會中確定的：

> 在人民大會中當一項法律被提議時，人們被問的問題，確切地說，不是大會究竟贊成還是反對這項提議，而是這提議是否符合公意，

而這公意正是他們自己的意志。每個人在投票時都説出了自己對這個問題的意見，於是從票數的計算裏就可以得出公意的宣告。因此，與我相反的意見若是佔了上風，那並不證明別的，只是證明我錯了，只是證明我所估計的公意不是公意。(《社會契約論》，第四卷第二章，278頁)

對盧梭的提議自然會有許多異議。我們也許尤其會懷疑「召集人民開會」的可能性。但在我們討論這些異議之前，還是先回想一下我們起初為什麼要談到盧梭的觀點。原因是孔多塞曾提出，在一定條件下，投票是尋求關於某一事物的真理的極好方式。如果我們假定民眾平均而言有超過五成的可能作出正確的判斷，那麼，讓多數人作決定就很可能得出正確的選擇，至少在投票者的人數具有一定規模的時候。但為了再次強調實現這一估計的先決條件，我們首先得確認，人們是根據自己對正確選擇的判斷來投票——而不是根據對自己最有利的結果來投票——而且人們平均而言的確有超過五成的可能作出正確判斷。我們提到盧梭，是他憑藉本能看到了這些先決條件的重要性，而且勾畫出了一個能夠滿足這些條件的制度。現在我們來看一看這個制度是否真能達到所說的目的。

首先，我們用什麼來證明這樣一個假定：如果人們根據自己對公共利益的看法來投票，他們就能作出正確選擇。部份的答案是我們原先所説的，盧梭和柏拉圖一樣把教育看作一椿重要的事情。個人要經過教育才能成為合格的公民。但同樣重要的是，盧梭想把政治社會組織成人們不難看到公意何在的社會，前提至少是個人的眼光不被特殊利益所蒙蔽。所有的個人都有同樣的公共利益，所有通過的法律對所有人都具有同等的影響。

然而我們會問，這怎麼可能呢？有人富，有人窮。有的是東

家，有的是雇員。每個人怎麼可能同樣地受到法律的影響呢？階級差別肯定導致不同的，甚至是對立的利益。法律不針對某一個人，但這遠不足以證明法律將平等對待每一個人。這就引起了兩個疑問。我們憑什麼認為世上存在着公意——存在着對每個人發生同等影響的政策？第二，即使這些都存在，我們也很難確定這公意是什麼。

盧梭預見到這些異議，而且有解決這些問題的一個激進的辦法。盧梭説，如果他的制度得以實現，巨大的不平等將會消失。「沒有一個公民富得足以購買別人，也沒有一個公民窮得被迫出賣自身。」(《社會契約論》，第二卷第十一章，225頁)如果階級差別使公意不可能形成，那麼就應當消除階級差別。所有的人都應當處在平等的地位。最低限度，誰也不應當富得可以收買別人的選票，誰也不應當窮得想出賣自己的選票。盧梭沒有細談如何取得並保持這種平等關係，但從民主的角度看一個無階級的社會是最優越的。在那樣的社會法律更可能對每個人起同等的作用，而且尋求最佳法律的任務也不是那麼艱巨了。盧梭當然承認有的人即使秉公行事也會犯錯誤，但「除掉這些個別意志間正負相抵消的部份而外，則剩下的總和仍然是公意。」(《社會契約論》，第二卷第三章，203頁)

即使人們定期開會，也不必經常要求他們作決策。一個好的國家無須制訂許多法律。因此當人們被召集起來投票時，他們可以運用所有的能力來告知自己應當作怎樣的決定。

在盧梭看來，尋求公意的最大困難不是人們看不到公意何在，而是他們沒有充足的動機來尋求公意。這一困難最尖銳地表現在「當形成了派別的時候，形成了以犧牲大集體為代價的小集團的時候」。(《社會契約論》，第二卷第三章，203頁)

為了證明這一點，我們可以回到前面為説明公意與眾意之差別

所舉的例子。假設要將一百萬英鎊分配給1,000名雇員。如果僅有一家工會代表這些雇員，假設沒有理由偏向某些雇員，那麼這個工會就會簡單地要求平均分配這筆款子，每個人得到1,000英鎊。但如果假設有10家而不是一家工會，每個工會代表100名雇員，那麼每個工會無疑會提出超過「公平份額」的要求。用盧梭的話來說，工會的會籍將歪曲人們的視覺。個人很容易被「證明」本工會成員應當分得更多錢的欺騙性論證所打動。盧梭可能會說，每一個工會對自己的成員而言都有一個公意，但對全體而言則有一個特殊意志。在「利益集團」形成後人們為自己所屬的特殊集團的利益投票，因此我們沒有理由相信通過投票能尋求到公意。

盧梭為解決這個問題提出的主要建議是，要麼就不應當允許任何政治黨派或小集團存在，如果真有黨派存在，那就應當是多多益善。這樣一來特殊集團的利益將不會對全體的決策產生太大的影響。

但是這仍不足以解釋為什麼公民們會為公意，而不是為自己的特殊利益而投票。為解決這一問題，盧梭的主要提議是加強個人對整個羣體的隸屬感。他提出好幾個可以達到這一目的的措施。我們已經談及最著名的一個措施：公民道德教育。必須以正確的方式將兒童培養成人，使他們學會「像親兄弟般相親相愛」。這將能鞏固社會聯繫，擴大每個人的眼界，使他們對整個國家感興趣。這樣他們自然會努力促進公意。

我們或許會認為這個主張有些險惡：它帶有思想灌輸的意味，儘管盧梭尤為關注保護個人自由。有些批評家說他們覺察到盧梭觀點中的法西斯主義或極權主義傾向。公民將被教育塑造成為了國家而忘記自我的人。以下兩點可以反駁這一批評。第一，盧梭認為，

在公民們學會接受法律的管轄之前，習俗和傳統的紐帶已經將他們聯合起來。所以教育是承認並鞏固已經存在於社區中的那些聯繫，而不是將人為的秩序強加於一個不同的羣體。第二，假若盧梭聽說當代自由主義者不喜歡他提出的某些措施，他本人會感到擔憂。他的另外兩個保障社會一致性的措施就更能說明問題了，那就是「監察官制」(censorship)[32] 和「公民宗教」(civil religion)。

盧梭認為國家需要一名「監察官」，其職責是鼓勵公民遵循公共道德。盧梭沒有談論現代意義的對文字和圖像的查禁，當然這毫無疑問也應包括在監察官的職責之內。盧梭關心的主要是提倡和反對某些類型的行為。監察官的責任實際上是嘲弄，從而反對某些反社會的行為。例如盧梭說：「有幾個薩摩島的醉漢玷污了監察官的坐席，第二天就有明令允許薩摩人可以有骯髒的舉動。這樣的一種懲罰要比真正的懲罰來得更嚴厲。」(《社會契約論》，第四卷第七章，298頁)通過這樣的做法，監察官行使着在必要時提倡並闡明公共道德的職責。

作為保障社會統一的最後一項措施，盧梭提出每個國家應當規定一個他所謂的「公民宗教」。簡言之，盧梭對宗教的闡釋有三點。第一，他要求每個公民都應該信奉某一種宗教，這可以使他們「熱愛自己的責任」。第二，應當對各種宗教採取寬容的態度，但只包括那些自己也遵循寬容原則的宗教。不然的話，某些公民就被迫成為敵人，這是與社會安定原則相悖的。第三，也是最特殊的一

---

32 此處英文censorship不是當今常説的「書刊查禁」，而是專指古羅馬的一種政治體制。據商務印書館譯本之譯注(167頁)，監察官是古羅馬高級行政官，由人民大會選舉，根據慣例從退職的執政官中選出。監察官的職務是監察公民的道德風紀，監察五年一度的人口調查。監察官制於約公元前443年創立，公元前22年廢止。

點，就是除了遵守個人道德之外，每個人都要信奉公民宗教。這宗教所規定的條款「並非嚴格地作為宗教的教條，而只是作為社會性的感情。沒有這種感情一個人既不可能是良好的公民，也不可能是忠實的臣民。」(《社會契約論》，第四卷第八章，307 頁)

總之，如果實行盧梭的體制，似乎就很有可能滿足我們為實踐孔多塞的論點而設立的兩個條件。這兩個條件是，人們必須按照道德原則而不是出於一己的私利來投票；人們平均而言有超過五成的可能作出道德上正確的判斷。在盧梭提議的理想國家中這些條件有可能得到滿足。這當然不等於說，盧梭的建議是滿足上述條件的唯一方式：我們也許能設計出另外的體制。但我們還是先把注意力放在盧梭的觀點上。即使我們認為盧梭的體制能夠滿足實行孔多塞論證的條件，我們就應當採用盧梭的體制嗎？

自由與平等

前面談到，對柏拉圖的觀點實質上有兩類回應。一類是說，民主在原則上是取得「正確的結果」的一種方式，這方式至少與由專家治理的方式一樣好，或比它更強。這一所謂工具論式的辯護與我們剛才談及的盧梭的論點相印證。另一類回應着眼於民主內在的價值。實質上就是民主如何能很好地體現或促進自由與平等的價值。討論這一問題的進一步的好處是幫助我們確定盧梭的體制是不是我們想要實行的制度。

首先，盧梭提議的政體在何種程度上體現了平等觀呢？我們論證中包含的平等觀是，沒有財富上的大致均等，宗派就會形成。宗派不僅會妨礙投票人的判斷力，還可能會阻礙公意的形成，也就是形成同樣地有利於所有投票人的政策。因為富人會力圖訂立特別

有利於他們的一套法律，他們擁有的金錢和勢力能幫他們為自己謀取利益。正如前面所説，盧梭認為真正的民主制存在的先決條件是一個無階級社會。

然而公意這個概念本身具有更強烈的平等主義含義。正確的政策應當讓所有公民都享受到同樣的利益。表面看來，我們很難找到一個更注重平等的體制，尤其是當這一體制與民主制相結合時：討論任何問題時所有公民都有同等發言權來確定公意是什麼。

不幸的是，盧梭體制中平等的表象會使人產生誤解。盧梭提到公民時總使用陽性詞匯，這並不是語言上的失誤。盧梭相信婦女是下等人類，他似乎認為公民的權利只應當給男人。盧梭認為男性公民與女性非公民之間存在着自然的不平等，這一觀念因而就破壞了公民平等的原則。

瑪麗．沃斯通克拉夫特1792年發表的《為婦女權利辯護》[33]中批評了盧梭體制中的這一矛盾，她或許是第一位重要的女權辯護士。沃斯通克拉夫特説，沒有理由將婦女排除到公民之外。但她的事業中也有一個盲點。解放了的女公民家中有女性僕人，而沃斯通克拉夫特似乎從沒有想到這些女僕也應當享有投票權。直到相對近期之前，人們一般認為只有那些在這個國家擁有產業的人才能享有選舉權。那些沒有產業的人可能不會「負責任」地使用選票。

然而，有一個推動了沃斯通克拉夫特、盧梭，其實也包括古希臘人的動機，那就是下面這個更為世俗的想法：那些積極參加活動的公民沒有時間自己洗衣作飯。做一個積極的公民是很費時間的，

---

33 瑪麗．沃斯通克拉夫特(Mary Wollstonecraft)這部著作的英文名為：*Vindication of the Rights of Women.* 參見前面關於她的注釋。

如果他既要了解各種信息，又要參加公共會議。所有參與公共活動的人都需要做家務的人員。希臘人想當然地認為民主制與奴隸制不矛盾，盧梭想當然地認為民主制與性別不平等不矛盾，沃斯通克拉夫特想當然地認為民主制與窮人無選舉權不矛盾。有兩件事情引起的變化使普遍選舉制有可能得到實行。一件事是(很有些令人喪氣)出現了一種看法：擁有選舉權並不意味着本人在法律上負有熟悉政治與經濟事務的責任。第二件事是，至少在發達國家，家用器械在很大程度上減輕了家務勞動的負擔。洗衣機使民主制的實現成為可能——這句話也許有些誇張，但洗衣機肯定起了促進作用。

然而儘管盧梭把婦女排斥在選民之外，他的政治思想的真正邏輯卻表明這種排斥是不合道理的。因此，我們可以在盧梭的建議的基礎上構建一個真正的平等模式。

關於平等就說到這裏。關於自由，有些什麼說法呢？我們不難發現盧梭建議的政體中的自由具有明顯的局限性。主要的局限就來自建立社會聯繫所產生的反面效果。思想自由受到了嚴格的限制，尤其是在宗教領域。首先，無神論被禁止了。第二，不寬容別的宗教的宗教自身也得不到寬容。第三，所有的人都必須贊同公民宗教。說假話的人會遭禍殃：「如果有人已經公開承認了(公民宗教的)這些教條，而他的行為卻和他不信仰這些教條一樣，那就應該把他處以死刑，因為他犯了最大的罪，他在法律面前說了謊。」(《社會契約論》，第四卷第八章，307頁)再考慮到監察官的存在，他的職責是推行公共的或傳統的道德，那麼，個人看來就喪失了任何背離傳統的自由。這無疑也包括限制人們進行「生活的實驗」——這一概念在下一章討論密爾的《論自由》時還會出現。

考慮到這樣一個壓抑而又偏狹的背景，我們會問，盧梭怎麼能

說，他成功地找到了一種結合的形式，在其中「每一個與全體(每個結合者)相聯合的個人又只不過是在服從自己本人，並且仍然像以往一樣地自由。」(《社會契約論》，第一卷第六章，191頁)

對這一問題的回答是，盧梭主張的是一種所謂「正面的」自由觀。下一章還會更詳細地討論這個觀點，但其含義是，自由不是單純的能否追求自己的欲望而不受他人的阻礙(這是「負面」觀點)；反之，自由是要求某種行動的。主張正面自由的理論家們對自由的典型定義是「過一種理智的人所選擇的生活」。對盧梭來說，這樣的生活──理性的生活──只存在於公民社會之中。「僅只有嗜欲的衝動便是奴隸狀態，而惟有服從人們自己為自己所規定的法律，才是自由。」(《社會契約論》，第一卷第八章，196頁)我們自己為自己規定法律的方式當然是通過作為主權者的成員們的投票。據盧梭說，只有通過遵守主權者制定的法律──也就是遵從公意──我們才能真正享有自由。

批評家們曾經指出，根據這一看法，我們能夠使人「被迫得到自由」；其實盧梭本人就使用了這一說法。例如，某人認為某項政策(政策A)符合公意，而大多數人卻決定採用另一項政策(政策B)。假設政策B代表公意。在這種情況下，這個人將被迫遵循政策B。因為自由與遵從公意是一致的，所以這個人就被迫得到了自由。盧梭會說，別的選擇──比如想幹什麼就幹什麼──是屈從於嗜欲的衝動，因而不是真正的自由。反對盧梭的論者指出，按照這個道理即使極為專斷的政權也可以被說成是維護自由的。所以，即使我們能夠把盧梭的制度從不平等中挽救出來，我們也很難斷言他的制度是促進自由的──儘管盧梭很希望我們作出這樣的判斷。

對盧梭的激烈批評

這類批評是由一些當代理論家提出的,這些理論家深受盧梭著作的影響,但他們感到盧梭關於國家的理想在許多方面都需要改進和修正。一共有彼此密切相關的三種批評意見。

第一種批評集中在公意這個概念上。即使在高度統一、十分平等的社會裏公意確實能夠形成而且比較容易被理解,現代社會既不一定會遵從這一理想,也不需要這樣做。經濟上的階級並不是形成公意的唯一障礙,我們還信奉不同的宗教,有不同的道德和哲學觀,來自不同的文化、民族、種族背景。但這並不等於說絕不可能有一項均等地符合所有人利益的政策:儘管我們有各種差異,但我們都有近似的基本需求。然而在此之外,我們不同的價值取向——例如重視經濟發展還是重視保護自然環境——可能導致衝突。因此在許多問題上很難找到一種同樣符合所有人利益的政策。即使存在着這樣的政策,人們也很難輕易地找到它。或許我們必須放棄盧梭的一個主要的假設:公民能將各自的意志轉變為公意。

第二,盧梭對那些持少數派意見者的態度令人不敢恭維。持不同意見者將「被迫得到自由」。那些起初贊同公民宗教的準則後來又違反了這些準則的人們會被處死。在國家高度一致的背景下,持不同意見就是犯罪,犯罪就是叛國。如果多數人對公意的判斷總是正確的,而持不同意見者不是判斷錯誤,就是反社會份子,那我們還可以勉強地為盧梭辯護。但如果公意根本就不存在,這種觀點在不止一個方面就是相當荒謬的了。

最後,批評盧梭的人們不能同意在自由與服從之間劃等號,即使是「服從自己為自己規定的法律」。換言之,在盧梭的體制內「為自己制定法律」就是在決策過程中有某種發言權。但假若某些人屬

於少數派，他們的看法也沒有成為法律，那麼，雖然強迫這樣的人們服從法律可以被說成是正當的，但若要說這種強迫使他們得到了「自由」，若要說他們將服從他們為自己制定的法律，那就太武斷了。即使少數人參加了決策的過程，法律的制定是排除了，而不是聽取了他們的意見。

現在我們可以感受到這些批評的分量了。為了從工具論的角度論證民主的正當性——民主是取得道德上正確的成果的一個十分穩妥的方式——盧梭不得不強化社會聯繫的紐帶。這紐帶過於強大，於是他的體制就變得專斷到令人難以容忍的地步了。於是，盧梭模式中從能夠從工具論角度為民主辯護的那些措施也同樣使民主本身成為不受歡迎的制度。經過修正的民主制或許能實現平等，但卻無法實現我們所理解的自由，也無法實現多元化或對差異性的兼容並包。我們必須為公意付出的代價太大了。

因此，盧梭提議的體制需要改進。根據上述批評，我們可以看到盧梭的理想政體中存在着另一個怪異的疑點——我們在討論中還一直沒有提到這個疑點。那就是盧梭允許的公民真正的政治參與能達到何種程度。儘管盧梭主張公民定期參加投票，但有些自相矛盾的是他好像反對公民參與得過於積極。首先，他不主張舉行民主會議；第二，盧梭認為觀點的混亂妨礙眾人形成全體一致的意見，所以他說，「冗長的爭論，意見分歧和亂吵亂鬧，也就宣告了個別利益之佔上風和國家的衰微。」《社會契約論》，第四卷第二章，276 頁)

然而，只要放棄關於我們可以定期並且不費力氣地尋求到公意的假設——其實，如果乾脆放棄關於公意存在的假設——政治就將以新的面目呈現在我們眼前。現在我們急切需要的看來是聽到所有不同的聲音、不同的爭論、不同的觀點。投票者仍可以根據對公眾

「最有利的」目標來投票。但是，也許什麼是「最好的」永遠要經過激烈爭論才能確定。進一步說，何種政策最可能實現這個最好的目標也許更會眾說紛紜了。

因此，批評盧梭的論者說，廣泛的政治辯論不是政治衰微的徵兆，而是民主政治運作中不可缺少的東西。而且，投票後意見被否決的少數人沒有義務改變他們對正確選擇的判斷。一般來說他們會遵守法律，但他們可以繼續爭論，而且如果他們認為自己已經積聚了足夠的力量，還可以要求改變投票認可的政策。也許我們可以從民主的角度來為「非暴力反抗」(civil disobedience)辯護。如果你真正認為多數人作出了錯誤的決定，你就不僅有權利，而且有責任以任何必要的方式引起眾人的注意。為了維持社會的團結而把負責任的「非暴力反抗」當作背叛，這肯定是錯誤的。持不同意見的公民應當有自己的位置。不能因為社會安定而不許他們發言。多數人也許是錯誤的。即使多數人是正確的，社會還是應當重視持不同意見者。

參與型民主制

以上批評意見使我們轉向一種新的民主模式。這一民主制在很大程度上受到盧梭的影響，但卻體現了對個人、對爭議、對少數人意見的更大尊重。這就是「參與民主制」(participatory democracy)理論。它在三個方面發展了盧梭的模式。

第一，參與民主制理論認為，我們必須在盧梭允許的範圍之外為個人參與政治討論與政治決策尋求更大的空間，也要給不同意見更多的空間和更大的尊重。

第二，這一理論認為盧梭關於主權者與執行者之間區別的劃分應當重新考慮。由於現實的原因我們每個人也許不可能都參與每

一次政治決策。然而一旦放棄了關於公意的假設，我們就沒有理由將個人參與決策的權利只限制於法律的制定。也許所有的公民都應當參與決定行政部門最重要的「特別法令」，尤其是當我們想到盧梭所說的——宣戰是執行者而不是主權者的行動。

盧梭認為的許多妨礙分享政治的現實障礙很容易被現代科技所克服。沒有必要把所有的人都集合到橡樹下或廣場上。交互式有線電視、電子郵件以及其他信息科技都可以用來取代大眾聚會。任何公民都可以把自己的政治見解發表在電子公告板上。撳一下按鍵就完成了投票。人們可以坐在舒適的沙發裏行使自己的民主職責。

最後，主張參與型民主制的人們認為政治決策實際上應當「貫徹到底」。不僅在立法問題上要徵詢公民的意見，所有與他們有關的決策都應當徵求他們的意見。所以，我們不僅在公共講壇上，而且要在工作場所，在家庭中，在公民社會所有其他場合都要貫徹民主決策的原則。如果你最關切的問題——工作環境如何，明天會不會失業——都得由另一個人，你的老板全權決定，那你對工業政策問題投的一票又有什麼用處呢？正如馬克思所說，也正如婦女們從自己的痛苦中體驗到的，人們值得為平等的政治權利奮鬥，但如果人們在日常生活中仍受到不平等的待遇，為政治平等所作的鬥爭就沒有多大價值。取消一項法律規定或限制並不一定能改善某一個人的地位。

「參與型政治」理論家認為，只有積極、民主地參與所有與自己有關的事務，才可能為所有的人贏得真正的民主和平等。他們說，只有參與從各個方面決定我們命運的決策，我們才真正享有了自由。將這一觀點引入前一章所討論的政治義務問題，我們可以看出，只有在參與式民主制中，社會契約論中的自願論假設才能成

立。在這樣的社會裏，我們可以真正被看作是自願作出貢獻的社會成員。這樣看來，只有在上述條件下我們才承擔了服從國家的義務。

表面看來，參與式政治的理論是很不錯的。我們是國家和地方決策所管轄的對象——我們必須遵守法規——所以我們當然應該充當這些決策的制定者。只有我們真正能夠制定約束我們自己的法律，我們才能真正地將自由與權威統一起來。但我們並不難找到這種理論的漏洞。任何充份參與式模式的體制都會遇到極大困難，也許正因為如此，盧梭才要對他的體制進行規限。

第一個困難是，全體參與式政治(fully participatory politics)是很難實現的，而且即使能夠實現，也很可能是很沒有效率的。約翰·密爾說，一羣人比單個的人更有利於商議事情，而單個的人則比一羣人更有利於採取行動。因此，一個羣體若要將決議付諸行動就總要委派個人來負責。

有人或許會說，誰也沒有真正倡導過讓「所有的人」都來執行共同作出的決議。當然要指派執行者來完成這個任務。但所有的人，或者至少是那些將會受到決議影響的人，應當參與決策。然而，儘管團體比單個的人更有利於商議問題，卻並不等於說團體越大越有利於商議事情。其實，一個經過精心挑選的小羣體比大團體更有利於討論問題。大團體會吵吵嚷嚷，東拉西扯，一片混亂，最好的意見也許不會被聽到。所以在參與式民主中可以允許專家來商議問題，而在「全體參與式政治」中很難找到專家們的合適地位。

第二個問題更為複雜，卻也是顯而易見的。在想像中的電腦化政治生活裏，我們回到家裏會看到當天需要決定的一些問題的清單。但我們為什麼要根據這一個清單而不是另一個清單來投票呢？

換言之，誰來確定議程呢？這可不是一件無足輕重的小事。權力最大的人往往不是對問題作出肯定或否定表決的人，而是最先把問題提出來讓人表決的人。如果議程只能由指派的官員來設定，那參與式民主制就大大地失去魅力了。

有人會說，可以由「人民」來設定議程。他們可以通過投票來確定哪些問題需要大家投票決定。但這個最初會議的議程如何決定？通過投票？如此等等。關於可以在每一個層次實行參與式民主的設想開始顯得天真甚至荒唐了。

肯定會有辦法解決這個難題。也許我們可以抽籤來委派一名「當日主席」，由他來確定當天的議程。但仔細一想，這個辦法缺少連續性，可能會把事情弄得一團糟。盧梭認為，需要全體公民來決定的問題越少，社會的運行就越通暢。我們開始感到他的這一想法更為可取了。但即使盧梭也沒有說清議程設定的問題。他提出的最有意義的建議是，法律草案的擬定者本人不應當參加投票。這看起來像是主張建立有力、獨立、不問政治的文官制度：這想法與參與式民主大相徑庭了。

最後，也是最顯著的問題已經被盧梭指出。奧斯卡·王爾德(Oscar Wilde)說，「社會主義的麻煩在於它要花費掉太多的夜晚。」許多批評參與式民主的論者更恰當地引用王爾德的話來批評參與式民主。問題在於，我們想要積極參與決定那些與我們有關的問題，但我們還有其他許多事情需要關心。很難說我們會犧牲我們所看重的其他事情——例如聽音樂，與朋友和家人聊天，甚至包括看電視——以便參與決定每一個與我們有關的問題。而且，如果把政治參與擴展到工作場所，參與活動耗費的時間就不僅是夜晚，而且包括白天的許多時間。如果要求所有的人都積極、平等地參與政治，我

們不說會餓死,至少也會大大降低工作日的生產效率。

總之,參與式民主是個很好的想法,但很難說我們能使這一政治模式取得的成效大於所費的代價。即使參與式社會是最能維護自由與平等的社會,但它卻不太有利於社會繁榮和生活需求的滿足。有更好的辦法嗎?

代議制民主

> 這種參與的範圍大小應和社會一般進步程度所允許的範圍一樣;只有容許所有的人在國家主權中都有一份才是終究可以想望的。但是既然在面積和人口超過一個小市鎮的社會裏,除公共事務的某些極次要的部份外所有的人親自參與公共事務是不可能的,那麼就可得出結論說,一個完善政府的理想類型一定是代議制政府。(密爾:《代議制政府》,217-218 頁)[34]

任何體制的政府,即使是最激進的參與式民主制,都需要行政官員來貫徹政策。人民制定的決策不可能讓全體人民都來執行。進一步的問題是應當給這些行政官員多大權力。在標準的參與式民主制中行政官員應當獲得最小的權力,把盡量多的權力保留給人民。柏拉圖的體制則相反,民眾沒有任何權力,而行政官員——護衛者——握有全部權力。盧梭建議的是第三條路:人民制定法律,行政官員執行法律。但是還有一個人們更熟悉的模式:人民選舉代表,再由代表們制定並執行法律。這就是密爾為之辯護的代議制民主。

34《代議制政府》(*Representative Government*),引文頁碼根據*Utilitarianism, On Liberty, and Considerations on Representative Government*, ed.H. B. Acton. London: Dent, 1972 年。譯文參照商務印書館1984年譯本,原譯者汪瑄。本段引文出自原書第三章之末尾。

密爾認為，代議制民主是現代社會中民主能夠存在的唯一方式。為了理解密爾為什麼這樣說，我們首先要知道在他看來什麼是適當的政府功能。我們要政府幹什麼？密爾認為，政府的功能有兩個：「提高」公民；管理他們的公共事務。因此評價政府的優劣要看它對個人的效用——是否提高了公民們的道德和智力；還要看它在處理公眾關心的事務上的效率。在後一個檢驗標準上，密爾承認，政府事務有許多分枝——法制、民事和刑事立法、財政和商業政策——每一項都有自身判斷成敗的標準。雖然在密爾看來各項事務的最終檢驗標準都一樣——看它能否很好地謀求公眾的幸福——但這進一步的要求還不屬於我們現在討論的要點。

政府應當有效地管理社會事務，這一條要求是不難理解的。但密爾提出的政府的另一適當功能則更會引起爭議。政府有任何責任，甚至權利，去關心公民的道德狀況呢？現代自由主義的一個主要思想就是政府無權過問公民的道德狀況。所以作為現代自由主義理論創始人之一的密爾提出這樣的看法就有些奇怪了。不過我們暫時把這個問題放在一邊，因為在下一章和最後一章我們還要更詳細地討論它。

密爾認為很容易證明他所建議的制度優於他所說的好的專制制度或集權君主制，這也將包括柏拉圖的護衛官制。密爾承認，專制君主也能執行政府的管理功能，儘管沒有民主制執行得好。但密爾反對專制主義的主要理由是專制制度可能培養出的那種類型的人。

密爾認為專制制度導致消極和怠惰，因為它產生出的一類人不需要了解和學習國家事務。這不僅影響到那些個人，而且會危及國家的興盛。「使一個人不能為他的國家做任何事情，他也就不關心他的國家。」(密爾：《代議制政府》，204 頁)否則，如果臣民們了

解和學習國家事務並對它感到興趣，那他們就不會長期滿足於受奴役的現狀。

如果需要進一步證明民主制的優越性，密爾就讓我們：

> 試將世界上的自由國家(在繼續保持其自由期間)和同時代的君主專制
> 或寡頭專制國家的人民作一對比：將古希臘城市同古波斯帝國的州
> 對比；將意大利的共和國和佛蘭德及德意志的自由城市同歐洲的封
> 建君主國對比；將瑞士、荷蘭和英國同奧地利或革命前的法國對比
> 一下吧。自由國家的較高的繁榮明顯得無法否認。這種繁榮證明它
> 們在良好的政府和社會關係方面的優越性，此外在歷史的每一頁中
> 也是明顯的。(密爾：《代議制政府》，210 頁)

密爾主要的看法是，人只有在獨立自主的條件下才能充份發揮力量。若要避免痛苦，追求生活的樂趣，他們就要保護自我，依靠自我。因此密爾相信，所有的公民都必須參與行使主權。

但公民行使主權的結果是什麼呢？密爾說，並不是直接民主。如果有人問，他也許會回答說，直接民主或許是從道德和智力兩方面提高公民的最好途徑，但作為一種管理政治的方式，它的效率極低。有人說，現代社會過於龐大，任何直接民主都不可能實現。但更重要的是，密爾用近似於柏拉圖的語言說，如果讓民眾對他們選中的專家行政官員施加巨大的影響，事情就會弄得一團糟。

> 最好也不過是由無經驗判斷有經驗，由無知判斷有知。無知從不懷
> 疑它所不知道的事情的存在，既漫不經心又傲慢自大，輕視——如
> 果不是憎惡的話——一切說有比它的見解更值得聽取的見解的主
> 張。(密爾：《代議制政府》，232 頁)[35]

---

35 引自第五章。

然而，批評代議制民主的論者認為，與其說它是從直接民主朝現實主義政治邁出的可喜的一步，還不如說這是完全背離民主的一個有害步驟。這顯然是盧梭的觀點(請想一想盧梭對「英國人民」的評論)[36]。代議制民主是否算是一種假民主，背後潛藏着經選舉產生的專制政權？果真如此的話，我們就不能把它當作一種公民享有平等權利的制度，也不能把它看作一個預示並促進公民道德和智力發展的制度。

密爾也會承認，代議制民主也許不能達到它預期的目的。但他渴望找到一種更好的制度。他尤其強調教育公民懂得公民職責的重要性。最重要的一個手段就是讓公民參與公共事務。儘管這當然不是讓每個人都參與國家範圍的政治，但總還有別的辦法。例如，密爾強調公民參加陪審團工作和參與地方政府事務的重要性，因為這將要求公民學習一系列「那些一生中只是拿筆杆子或站柜台售貨的人們」所學不到的技能(密爾：《代議制政府》，217 頁)。

但僅有這樣的參與還不足以保證代議制民主的優越性。密爾指出了對民主構成威脅的若干因素。一是這個制度將鼓勵不夠格或不合適的人物參加競選。同柏拉圖一樣，密爾也認為最適合當統治者的人就是最不願意擔任這個職務的人。換言之，最可能在政治上獲得成功的那些特點——諂媚、口是心非、勾心鬥角——也是我們最不希望我們的統治者具有的品格。

所以代議制民主必須面對我們在柏拉圖的護衛官制中看到的問題：如何防止令人厭惡的人攫取權力，成為我們的統治者。《聯邦

---

36 參見本書第三章之引論。

37 《聯邦黨人文集》(*The Federalist Papers*)作者為James Madison (1751-1836), Alexander Hamilton (1757-1804), John Jay (1745-1829).

黨人文集》[37]詳細討論了這個問題，作者是詹姆斯·麥迪遜、亞歷山大·漢密爾頓和約翰·杰伊。在1787至1988年中的10個月裏這批論文以「帕布里烏斯」(Publius)的筆名發表在紐約市的多家報紙上。論文的觀點在於說服紐約州選民們投票贊成美國的新憲法。聯邦黨人支持他們所稱的「共和政體」，他們對這個政體的廣義理解就是我們所談及的代議制民主。然而有些聯邦黨人的反對者則更贊成參與式民主制，他們向聯邦黨人提出的問題是：如何保證代議制民主不至淪為選舉產生的暴政。聯邦黨人對此的回應主要是借用約翰·洛克和孟德斯鳩(Montesquieu, 1689-1755)的「權力分離」的觀點。孟德斯鳩主張政府的立法、行政、司法這三種功能分別由不同的人掌管，三者之間互不隸屬。在理論上這意味着三個部門中任何一個的活動都受到其他兩個部門的制約，從而使公民能夠防止統治者的腐敗。

密爾認為，權力應當分散到國家的各個機構，形成一種「制衡」體制(checks and balances)，使那些有野心的人物很難濫用手中的權力。密爾還提出了進一步的措施來防止對民主程序的濫用。他建議限制競選人用於競選的經費。我們怎能信任打算花一大筆錢來爭取當選的人呢？既然投了資他就肯定會索取回報。令人有些驚異的是，密爾說政府官員不應當拿工資。否則議會裏的位置「就會成為低等階級中的冒險家所追逐的目標」(密爾：《代議制政府》，311頁)[38]。那些沒有財力卻又顯然具有條件和能力的競選者可以由他所在選區的選民私人捐助。

但是，代議制政治最大的障礙卻是可能會出現的選民行為。密爾認為最重要的是選民應當根據自己對普遍利益的判斷來投票；也

38 引自第十章。

就是説，他們應當投票選舉他們認為最能從所有人的利益出發來提高公民並有效地管理國家事務的候選人。密爾用陪審團的例子來打比方：

> 公民的投票不是一件他可以任意選擇的事情；他的投票和陪審員的裁決一樣和他的個人願望無關。投票嚴格地説是個責任問題；他有責任按照他對公共利益的最好的和出自良心的意見投票。(密爾：《代議制政府》，299 頁)[39]

由此我們看到，作為一種參與形式，實際參加陪審團服務具有另外的重要意義。它教育了選民，使他們受到十分精煉和集中的民主訓練。

密爾擔心的是選民會進行「卑鄙而有害的投票」……「出於個人利益，或者是階級利益，或者是自己心中某種卑劣的感情」(密爾：《代議制政府》，302 頁)。也可能是選舉人無知到不能正確判斷公共利益何在。

密爾提出的對第一個問題的補救辦法是採取公開投票，而不是秘密投票。公民有責任為公共利益而投票，因此可以要求他們為自己投的票負責。所以這是一件可以公開的事情。公眾的反對將是一種防止按照私利投票的壓力。密爾承認，這樣做的危險是可能造成強迫。使用秘密投票是因為當地有權勢的個人可能會向某些人——尤其是他的雇員們——施加壓力，讓他們按照某種要求投票，不聽話的人就會失去工作或失去其他好處。秘密投票就可以防止這一弊病：誰也無法知道選舉人投了哪個候選人的票。密爾天真地認為這種弊病的危害小於「卑鄙」和自私的投票，後一種弊病會歪曲投票

---

39 引自第十章。

結果。密爾的觀點肯定會受到質疑。

密爾希望他的第二個補救辦法——為了防止階級與私人利益所引起的歪曲效果——將能抵消愚昧和無知的影響。密爾說，某些人應當至少是暫時地被排除在選民之外。這包括那些不會「讀、寫，以及——我再加上——不會作普通的算術運算的人」。密爾還說：

> 我認為領取教區救濟者應絕對取消選舉權資格，這是基本原則所要求的。不能靠自己勞動維持生活的人無權要求隨意取用他人金錢的特權。依靠社會其他成員維持生活，這人就放棄了在其他方面和他們具有同等權利的要求。(密爾：《代議制政府》，282頁)

這個問題的另一面是，儘管每個符合密爾所說條件的人都有發言權，但「每個人應當有同等的發言權則是完全不同的命題。」(密爾：《代議制政府》，283頁)密爾說，有些人具有特別優越的條件作出正確判斷，應當給他們投多於一票的權利。密爾認為智力特別高，受過良好教育的應當有權投兩票以上(密爾沒有作詳細交代)。

密爾最大的擔憂是未受教育的窮人——數目上的多數人——由於愚昧加上階級利益的作用，將會犯下一個大錯誤。他們將會選舉這樣一個政府，它將通過提高對富人的稅收，保護國內工業不受競爭的衝擊，提高就業的穩定性等辦法來改善勞動者的處境。密爾的批評是，這一做法將減緩工業和經濟的發展，阻礙儲蓄和投資，從而損害每個人——包括工人在內——的利益。因此，密爾說，工人們錯誤地估計了自己的利益之所在，而作為公民中的多數，他們也許會把國家推向災難。

本書第五章將討論財富平均分配的問題，現在不必細論。問題的關鍵是，密爾希望代議制民主能夠具有防止愚昧和階級私利控制一切的某些機制。密爾關於民主的主要觀點是從工具論角度為民主

辯護，並找到防止民主導致負面後果的措施。

　　複數投票(plural voting)[40]和讓部份人享有選舉權這兩項措施能達到密爾預期的目的嗎？也許能，但他的觀點中有一個矛盾。為了保護工業，我們可以在投票上優待富人或受過教育的人(這是密爾的看法)。密爾更傾向於後一種選擇，因為必須說服只能投一票的那些人，為什麼另一些人應該擁有更多選票。未受教育的人將會同意，受過教育的人「比他更了解這個問題，因此那個人的意見應該比他自己的意見更得到重視，也就符合他的希望，並且符合在所有其他生活事務中他慣於默認的事態」(密爾：《代議制政府》，284頁)。然而我們可以將這個觀點與下面的說法作一比較。

> 我可以說，如果選舉人承認對他的能力的這種評價，並真正希望他所信賴的人為他作出選擇，也沒有必要在憲法上作這種規定；因為，他只須在私下問他所信賴的這個人他最好投哪個人的票就行了。(密爾：《代議制政府》，294頁)[41]

這段話僅在頭一段話的10頁之後，是在討論我們應當實行「兩個階段選舉」這個問題時說的。我們投票選舉一些選舉人，再由他們選舉議會的成員。密爾沒有對這一建議作詳細論述。他認為對這一選舉法的唯一辯護理由是，我們或許應當把選擇統治者這樣重要的決策權交給我們認為明智的人。密爾的說法是，如果我們相信他們明智，我們就只須詢問他們應當怎樣投票，並遵循他們的指教。反對密爾「複數投票」建議的論者也作出了完全相同的回答。如果未受教育的人尊重有知識的人，那麼我們就不必給後者更多選票，因為

---

40 複數投票指一人允許投兩票以上。

41 引自第九章。

未受教育者只須向有知識者徵詢意見就行了。但如果他們不相信有知識者的意見，他們也就不會接受複數投票。複數投票要麼是不必要的，要麼是不合理的。

保護少數

雖然在上面討論的情況下，密爾認為愚昧的大多數人可能因為錯誤地判斷了自己的階級利益而損害自身利益，但這一類事例會引出密爾所擔心的也許是最主要的一個有關民主的問題：投票中意見被否決的少數派的位置。我們知道，密爾特別看重防止「多數的暴政」(tyranny of the majority)的問題。我們中多數人都能接受自己的意見偶爾被否定這一事實。但有時候人多勢眾的多數人會在投票中一次次獲勝，不斷地否定少數人的意見，使他們的存在被忽視。因此，在《代議制政府》一書中密爾花了很大心思來確保少數派在議會中的代表性。他表示贊成採用一套十分複雜、精細的(也許是不完善的)比例代表制(proportional representation)，包括允許一個選民在自己支持的候選人落選後將其選票轉移到另一選區。通過這一類措施我們應當能保障許多少數派公民在議會裏的代表性。

然而代表性是一回事，而保護少數則是另一回事。得到代表的少數派仍然可能在議會的投票中被擊敗。所以我們已經提出的這些措施將不能帶來我們所希望的效果。在多數統治的體制內，即使少數人得到了代表，階級、種族、宗教的迫害仍可能發生。在民主制中防止這一可能的唯一途徑就是給最有教養的人們許多選票。可這又使我們退回到接近柏拉圖的立場了。

實際上密爾的解決辦法——下一章將討論——是限制政府活動的合法範圍(legitimate sphere)。有些事情與政府或多數人無關。因此

人民生活的某些領域政府不能干預,而且人民享有政府不能干涉的某些權利和自由權(liberties)。

然而,在對密爾的模式作最後評價時,我們看到它具有與盧梭的模式相似的矛盾。盧梭模式的問題是,只有在民主嚴格限制公民自由的情況下,我們才能依靠民主來產生符合公意的決策。換言之,如果要求民主具有工具論的合理性,它就不可能達到自由和平等這雙重的目標。在密爾看來,被犧牲的不是自由而是平等。出於對教育程度和經濟狀況的考慮,有些公民會被排除在選民之外,而另一些人則享有多於一票的投票權。密爾的制度與柏拉圖體制接近的程度是密爾本人所不願承認的。也許密爾應當對未受教育的窮人的能力和品德有更大的信心。也許任何民主制度都需要妥協。

結 論

到現在為止我們得到的一個結論是,我們不可能找到這樣一種民主制:我們既能從工具論角度為之辯護,而這民主制又能將平等和自由的價值觀構建成可以推行的制度。而且不管我們如何對自由和平等加以限制,我們都沒有理由認為,與其他類型的制度相比,在民主制下必然能作出更好的決策。我們的確能設計出將廣泛的市場調查與明智的行政官員結合在一起的體制,它肯定能作出更好的決策。但很少會有人因此而決定放棄民主制。為什麼呢?

答案顯然是,對我們來說,民主的價值不僅在於它是一個好的決策程序,民主的價值至少還存在於另一個方面。什麼方面呢?讓我們以1994年的南非選舉為例。這次選舉——這件事本身,更勝過它的結果——受到了舉世贊揚。南非黑人第一次有了選舉權,但世人為什麼把這件事看得如此重要呢?人們贊揚它的原因當然不僅僅

是南非黑人得到了比過去更公正的待遇，儘管這肯定也是原因之一。主要的原因似乎是，南非黑人有了選舉權這件事本身表明，他們最終也被當作了值得尊重的人。人們被給予選舉權含有某種象徵性的或昭示性的價值。在這個事例中它至少以某種方式象徵着南非黑人和白人在政治上平起平坐了。因此，擁有選舉權似乎是重要的事情，不管選民得到選舉權後如何利用它。

我們把問題放到另一個背景下來考慮，想一想本世紀初反對婦女享有選舉權的人們常常運用的一個論證。他們常說，婦女不必投票，因為已婚婦女的利益和她們的丈夫是一致的，而未婚婦女的利益則和她們的父親一致。這一論證的錯誤太多，我們簡直不知該從哪兒開始批駁它。下面列出幾點反駁意見。第一，即使關於共同利益的說法是正確的，為什麼不能讓每個人來代表自己的利益呢？第二，即使共同利益是事實，那為什麼選舉權只給男人不給婦女，而不能反過來？第三，這一假設很可能不符合事實。憑什麼可以假定婦女的利益與她們的丈夫或父親一致？第四點具有決定性的意義。不管婦女的利益是否與男子一致，選舉權只給男人不給婦女這件事本身就是一種侮辱和貶低。所有人都享有選舉權，這就表明，我們相信婦女和男子一樣是應當受到尊敬的公民。

說所有選民都是應當受到尊敬的公民，這只是一個方面。我們是否也要說，每個人都應當受到同等的尊重，或者說，作為平等的人，每個人都應當受到尊重。我們看到這樣一個建議，原則上每個人都應當有投票權，但有時候某些人應當被取消這一權利，而另一些人卻享有多於一票的權利——這就是約翰·密爾的複數投票制。有趣的是，似乎沒有一個主要的理論家在這個問題上贊同密爾。他們中有的人甚至感到有必要發表批駁的意見。為什麼不支持他呢？

就是因為密爾的建議違背了這樣的觀念：民主是表達對一切人同樣尊重的一個方式。這也許就是我們取消罪犯選舉權的原因：他們的行為使他們喪失了享有同等尊重的權利。

我們還有什麼理由可以用來為現代的民主制辯護呢？也許還可以說下面這些話。在當代社會，我們不得不承認，沒有強制性的權威結構我們就無法生存。但如果我們有了這樣的結構，就需要有人去擔任其中的職務——也就是擔任統治者。在過去的若干世紀裏人類也許能夠承認某些人天生就有權當統治者。也許那些人被認為是上帝派來當統治者的。但我們現在不會接受這樣的說法了。我們能夠同意的是，一個人只有在下面的條件下才有權擔任統治者：人民任命了他，人民也有權罷免他。「為什麼這些人應當統治我們？」「他們統治的合法性何在？」對這些問題，只有民主制能提供我們可以接受的答案。通過民主手段我們當然也能採取某些措施來控制統治者的行為。從政治結構和對現代民主最後的保障來考慮，上面這段話也許就是我們能作出的最好回答。

4 自由的位置

The Place of Liberty

密爾論自由

> 對於文明群體中的任一成員,所以能夠施用一種權力以反其意志而
> 不失為正當,唯一的目的只是要防止對他人的危害。若說為了那人
> 自己的好處,不論是物質上的或者是精神上的好處,那不成為充足
> 的理由。(密爾:《論自由》,135頁)

一個簡單的原則

民主制一經確立,政治哲學家還有什麼事情可做呢?樂觀的看法是,一旦建立了民主的決策程序,政治哲學的基本任務就完成了。所有的決策都可以留給選舉機器的公平程序來操作。不幸的是,正像我們在上一章所看到的,儘管民主制是我們所能想到的最好制度,它卻不能包治百病。密爾說,民主也有自己的弊病:「多數的暴政」的威脅。如果認為民主制的存在就根除了非正義,那就太天真了。「人民」制定法律,但這並不能防止多數人投票通過壓迫少數人或在其他方面對少數人不公平的法律。必須以某種方式來保護少數。

密爾解決這個問題的辦法似乎有些出人意外。在論證了代議制民主的優越性之後,密爾建議的下一個步驟就是嚴格限制民主制的權力。他寫的《論自由》(實際上發表在《代議制政府》之前)關注的問題是「社會所能合法施用於個人的權力的性質和限度」(《論自由》,126頁)。密爾說,我們應當為個人保留相當多的權力。要限

制國家的干預，也要限制正當地運用公共輿論來塑造信仰和行為。

國家應當擁有多大權力？我們看到，這一問題可以有各種答案。一個極端是，無政府主義者認為國家沒有任何正當的權力。這似乎等於說，個人的自由不應當受到任何限制，或者至少是，不應當受到國家的限制。另一個極端是，像霍布斯那樣的專制政府的辯護者認為國家完全沒有義務關心臣民們的自由權。國家有權強制推行它希望推行的任何法規和限令。

在兩個極端之間存在着一系列其他可能存在的觀點。密爾既不同意無政府主義，也不同意專制主義，他感到有必要找到自己在這兩個極端之間的位置。作為自由的鬥士，密爾為什麼會反對許多人認為是個人自由最高形式的無政府主義呢？正如第二章裏談及的，密爾認為，如果人們被給予完全的自由，有些人一定會濫用它，趁政府不存在之機損人利己。所以他說：「凡一切足使存在對人有價值者，莫不賴對他人行動有所約束。」（《論自由》，130頁）無政府主義意味着不要法制，而根據密爾所說，如果沒有法律我們的生活就會毫無價值。密爾當然認為暴政不再是值得認真考慮的選擇，所以他開始探索一種自由與權威的恰當結合。

在什麼條件下國家可以干預並禁止人民按自己的意願行事，或是強迫他們違背自己的意願行事呢？密爾說，不同的社會用不同的方法來「解決」這個問題。有的社會禁止信奉某些宗教，甚至全面禁止一切宗教。有的社會對出版和媒體實行查禁。許多社會宣布某些性關係為非法。在英國，遲至六十年代男子間的同性戀才不算犯法。賣淫在英國不違法，但妓女招客卻仍然算是犯法。所有這些都是對人民自由權的限制，通過行使國家權力來執行。然而國家的確有權像上面所說的那樣干涉人民的生活和自由權嗎？

密爾想探尋這樣一個原則，或是一套原則，它將允許我們按照每件事本身的實際價值來評判，而不是把裁決權交給習俗和流行的道德規範——它們是密爾最大的敵人。密爾的答案既激進，又簡單得令人耳目一新。密爾的自由原則(見本章開頭的引文)宣稱，只有在某一行動對他人構成威脅時我們才能正當地限制一個人行動的自由。對許多現代讀者來說這個原則(又稱「傷害原則」)也許是再清楚不過了，但在歷史上大多數時間裏卻並非如此。在長達幾個世紀的時間裏人們因為信奉了不該信的神，或因為完全不信神而受到迫害。然而除了或許會對他們自己不朽的靈魂造成損害之外，他們又傷害了什麼人，損害了什麼東西呢？現在有些人也許依然不理解密爾的觀點。假如一個朋友吸毒成癮，是否只有在她有可能對別人造成傷害時你才會制止她吸毒呢？這個例子引出了關於如何理解密爾原則以及該原則之可行性的重要爭論。不管過去還是現在，也許沒有一個社會實行過密爾要求人們理解的那種原則。下面將要談到，其實密爾自己也回避了這一原則所導致的某些最異乎尋常的推論。

然而在深入討論這個問題之前，我們值得重提密爾原則中的一個觀點。密爾說，他的原則適用於「文明羣體中的任一成員」。那麼，他是否打算承認，可以對不文明的成員的自由施行限制呢？密爾實際上是這樣認為的。他清楚地表明，這條原則只適用於「能力已達成熟的人類」(《論自由》，135頁)。幼童和「野蠻人」被排除在外，因為「自由，作為一種原則來說，在人類還未達到能夠憑藉自由的和對等的討論而獲得改善的階段以前的任何狀態中，都是不適用的」(《論自由》，136頁)。

密爾的論點是，自由只有在某些條件下才是有價值的。如果那些條件不存在，自由也可能造成很大的禍患。不能讓孩童自由地決

定他們是否應當學習文化。密爾還同意英國維克多利亞時期的觀點，認為某些人是「落後」的，因而應當把他們也當作兒童來對待。重要的不是密爾關於野蠻人的看法是否正確，重要的是密爾為實行自由原則所規定的條件。作為改進——道德進步——的手段，自由是有價值的。在某些情況下自由就像我們設想的那樣可能導致相反的後果，此時我們不得不借用其他手段來取得進步。然而密爾決不懷疑，當社會發展到成熟階段——當我們進步到文明的層次——國家對個人行為的干預就應當受到限制。

思想自由：一個例證

密爾的一個最牢固的信念是，對思想和討論應當給予完全的自由。在《論自由》中他花費了幾乎三分之一的篇幅來論述這些至關重要的自由權，同時他也承認，對於在公開場合的發言有時應當設立一些限制。

密爾要引起注意的第一件事，就是我們沒有理由因為一個意見不受歡迎而不許它發表出來：「假定全體人類減一持有一種意見，而僅僅一個人持有相反的意見，這時，人類要使那一人沉默並不比那一人假如有權的話要使人類沉默更為正當」（《論自由》，142頁）。密爾說，實際上我們很有必要歡迎即使是不受歡迎的意見發表出來。壓制這些意見將是「對整個人類的掠奪，對後代和對現存的一代都一樣」。為什麼呢？密爾回答說，不管引起爭議的意見是對，是錯，還是有對有錯，壓制這意見都不能使我們受益。如果不許發表的意見是正確的(或是部份正確的)，那我們就失去了以錯誤(或部份的錯誤)調換真理的機會。如果被壓制的意見是錯誤的，我們又以不同的方式受到損失：失去了質疑、再認識，或許還有重新確認我

們的正確意見的機會。所以，壓制意見不會給我們帶來任何好處，不管這意見是否正確。

對錯誤的意見加以禁止果真會帶來損害嗎？首先要問的是，我們怎麼能肯定那個意見是錯誤的呢？即使假想的檢查官聲稱，他確信傳統的意見是正確的，那麼，在我們確信一個觀點正確與那個觀點確實正確這兩者之間還存在着一大段距離。不承認這一點就等於假定我們一貫正確，但歷史提供了足夠的證據證明這個假設是多麼荒謬。許多曾經被認為是鐵定正確的觀念，後世的人們卻認為它不僅是錯誤的，而且荒謬絕倫。打個比方，就好像現在還有人相信過去曾廣為流行的觀點：大地是方的。

密爾提到了蘇格拉底和耶穌這兩個更富有戲劇性的例子。兩人都被處死，蘇格拉底的罪名是不敬神和不道德，耶穌的罪名是瀆神。兩人都是被正直的法官以誠實的方式審判的。但是兩個人都死在這樣的社會，在那裏「一貫正確」的假定使得法律禁止發表與既有傳統相悖的觀點。當然，在西方民主制中我們再也不會因為一個人持有某種觀點而將他處決。但問題的關鍵是，蘇格拉底和基督教的道德體系遭到禁止，是因為它們違背了「確信無疑」的，正確的正統觀點。這證明人類可能會犯下巨大的錯誤。密爾認為，我們絕沒有權利宣稱我們一貫正確。

另一個例子可以證明並擴展密爾的觀點。古亞歷山大圖書館是古代世界的瑰寶之一，據說最盛時期藏書達70萬卷。但在公元640年亞歷山大被阿姆爾率領的阿拉伯人攻陷。根據很久之後的一位作家阿卜法拉丘思的記載(顯然是很不可靠的)，圖書館經歷了如下的遭遇：

「語法學家」約翰——一個著名的逍遙學派哲學家——在亞歷山大陷落時正在那個城市。他很受阿姆爾寵信，便求阿姆爾將這座皇家圖書館賞賜給他。阿姆爾說他無權答應這樣的要求，但答應給哈里發王寫信徵求同意。據說哈里發王歐瑪爾收到他的將軍寫的請求信後回答說，如果這些書籍中的教義與《可蘭經》相同，這些書就毫無用處，因為《可蘭經》已經囊括了所有必要的真理；而如果這些書籍講述了與《可蘭經》相反的教義，就應當毀掉這些書。所以他下令焚毀這批書，不管書裏的內容是什麼。根據這道命令，這些書籍被分往這座城市裏的許多公共澡堂。在其後的6個月裏，這批書籍成了澡堂的燃料。（《不列顛百科全書》，第11版，1910-11, i-ii, 570）

很遺憾，當時阿拉伯人手裏，沒有《論自由》這本書。不然的話他們就會停下來想一想密爾說的這段話：「對於一個意見，因其在各種機會的競鬥中未被駁倒故假定其為真確，這是一回事；為了不許對它駁辯而假定其真確性，這是另一回事。二者之間是有絕大區別的」（《論自由》，145頁）。

且慢自鳴得意，我們還是先聽一下盧梭對圖書館事件的評論吧：

我們的文人把[歐瑪爾講的]這番話稱作最荒唐的奇談怪論。但如果讓格里高利一世取代歐瑪爾，把《可蘭經》替換為《福音書》，那座圖書館仍舊會被燒毀，而且這一舉動也許會成為他一生中最大的功績。（盧梭：《論科學和藝術》，26頁）[42]

盧梭於1750年撰寫《論科學和藝術》，當時是為了參加第戎學院發起的一場徵文競賽，論題是「科學和文藝的復興是否能使道德淳化」。為什麼焚書會成為格里高利一世一生中最大的功績呢？盧梭

---

42 盧梭：《論科學和藝術》(*Discourses on the Arts and Sciences*)。引文頁碼根據 *The Social Contract and Discourses*, ed. G. Cole, et al. London: Everyman, 1973 年。

説，他是在旅行於巴黎與萬塞納兩個城市之間時想出這類問題的答案的，當時他打算去探望以煽動叛亂罪被監禁的狄德羅。他説，他認識到藝術與科學的發展遠沒有推進人類進步，它們造成的禍患超過了它們帶來的幸福，而且更糟的是腐蝕了公眾道德。他未能走完這段旅程，便坐下來寫出了這一篇引起很大爭議的文章。他的文章獲了獎。很難想像有什麼觀點會比盧梭的看法離密爾更遠。盧梭提議我們這樣祈禱：「萬能的主啊！你手中掌管着人類的心靈，讓我們遠離那毀滅性的藝術和科學吧……還給我們愚昧、無知和貧困吧，只有這些能使我們幸福，在你眼前變得更可珍愛。」(《論科學和藝術》，27頁)。盧梭這番言辭的背後是對密爾觀點的十分認真的批駁。認識真理總會強於保持愚昧狀態——這一假設正確嗎？密爾在論證中明確地假設知識會帶來幸福，但我們憑什麼要相信這一點呢？個人有時因為幸運地不知道周圍熟人們對自己的真實看法而生活得更好。同樣，有時候社會也可能從人們的愚昧和錯誤的信念中獲益。真理也許太令人難以接受，也許會瓦解連接社會的紐帶。這樣的看法常被用來評價對上帝和對來世的信仰。就是説，人們應當有信仰，不是因為上帝和來生真的存在——這也許是事實，也許不是——而是因為如果這信仰不廣泛傳播，社會將會變得自私而又道德敗壞。所以我們不應當允許宣傳無神論，因為如果無神論流行起來社會就會解體。不管我們是否同意這個説法，但我們不難想像，如果人類沒有作出某些科學發現，反而會生活得更好：例如導致發展核武器的那些科學發現。

那麼我們有時是否應當反對思想自由呢？贊成禁止思想自由的理由不在於這思想是否符合真理，而在於對它的運用以及它對社會的影響。根據這種看法，即使是正確的思想，我們也滿有理由去

禁止它。否定思想自由的這種論點看來很有道理，但密爾的回應也同樣有說服力。這種論點的唯一依托是，某一種觀點是維持社會安定所必須的，與它相反的觀點將會破壞社會安定。但我們憑什麼斷定，不信上帝社會就會解體？憑什麼相信，對原子結構的認識將給人類帶來更多災患而不是利益？在這個問題上我們的看法可能是錯的，正像可能會錯誤地認識其他問題一樣。正如密爾所說：

> 一個意見的有用性本身也是意見問題：和那意見本身一樣可以爭辯，同樣應當付諸討論，並且要求同樣多的討論。要判定一個意見為有害，與要判定它為謬誤一樣，需要一個不可能錯誤的裁判者。
> （密爾：《論自由》，184頁）

密爾提醒我們，事實上基督教本身也曾被羅馬人查禁，理由是它會破壞社會的穩定。

但問題仍然不像密爾認為的那樣清楚。如果我們並不確知相信真理更可能導致幸福還是禍患，那麼，按照這一推論，我們就沒有理由決定應當開放思想自由而不是取締思想自由。因此，密爾一定是已經假定，至少在通常情況下，相信真理是獲取幸福的一個方式。

果真如此的話，查禁錯誤的意見又會帶來怎樣的壞處呢？事實上我們有充份的理由反對這樣做。密爾說，即使我們的確知道那是一個錯誤的觀點，如果我們不考慮對我們自己意見的挑戰，「不論這意見怎樣正確，若不時常經受充份的和無所畏懼的討論，那麼它就會被當作死的教條而不是活的真理」（密爾：《論自由》，161頁）。正如密爾所說，我們「一到戰場上已無敵人的時候，就都在崗位上睡覺了」（密爾：《論自由》，170頁）。一個危險是，我們的意見如果不經常被攻擊、被辯護，它的真正意義也許會喪失或減弱，從而「失去對其品性和行為的重大作用，而教條已經變成徒有形式的教

義，對於致善毫無效用了」(密爾：《論自由》，181頁)。然而更大的危險也許是，一旦面臨挑戰，當對立面的、錯誤的意見被雄辯地陳述出來的時候，那些公認真確的觀點的辯護士們將不能成功地為自己辯護。這不僅會使他們大丟面子，錯誤的觀點還會獲得它不配得到的支持，有時會造成災難性的後果。

根據某些記載，這就是進化論在美國的遭遇。信仰達爾文主義的人們儘管知道這一理論有明顯的缺陷，卻從未認真地設想過，任何有智力的、受過科學教育的人是否也會拒絕接受某種形式的、廣義的進化論。結果是，嚴密組織起來的，富有技巧的原教旨主義者開始精心炮制了一套精巧而又似是而非的理論，並通過宣傳自己的「創世科學」——對《舊約》中的字句的信仰——來批駁達爾文主義，此時，達爾文主義的信奉者們卻沒有作好應戰的準備。於是，創世主義者們就贏得了與其理論的科學性(等於零)十分不相稱的一大批追隨者。許多美國人——在南方某些州佔多數——至今仍然認為，學校裏不應當講授進化論。

我們已經討論了兩種情況：某一新觀點是正確的；這一觀點是錯誤的。在每一種情況下，允許這一觀點表達出來都是只有益處，沒有害處。還有第三種情況，某一觀點從正反兩面看都各有部份的真確性，此時道理就更加清楚了。這是最常見的一種情況。尋求真理的唯一途徑是允許充份地、自由地討論問題的所有方面。所以密爾得出了下面的結論：在任何情況下，允許發表反對當前正統觀念的意見，都會使人類受益，因此永遠也不應當實行對言論的查禁。

對他人的傷害

雖然任何時候都不應當實行查禁，但密爾承認，在某些情況下

限制言論自由是正確的。他舉了這樣一個例子：

> 有個意見說糧商是使窮人遭受飢餓的人，或是說私有財產是一種掠
> 奪，這意見如果是通過報紙在流傳，那是不應受到妨害的。但如果
> 是對着一大群聚集在糧商門前的激憤的群眾以口頭方式宣講或以標
> 語方式宣傳，那就可加以懲罰而不失為正當了。(密爾：《論自
> 由》，184 頁)

在這一情況下，言論自由幾乎肯定會導致對他人的傷害。密爾認為，這就足以使我們將它限制在政府能夠適當控制的範圍之內。

現在我們看到，在密爾看來，只有在為了防止對他人的傷害或傷害威脅時，我們才可以干預一個成年人的自由權。在嚴重的情況下我們可以正當地使用法制的力量，而在其他情況下，施加社會壓力是更為恰當的控制方法。然而密爾所說的「傷害」指的是什麼？假如一羣人打算創立一個新宗教，並在私下裏信教。密爾認為，只要他們不試圖強迫人入教，那麼社會上的其他人就沒有理由干預他們。為什麼呢？因為這一行動並不對別的任何人造成危害。但馬上就會有已經流行的宗教的某個狂熱教徒出來反對說：他們當然對我造成了危害。第一，他們的異教行為使我十分憤慨和痛苦。第二，他們破壞了我在全世界傳教的計劃。說他們不損害別人是完全不符合事實的。

這一批評意見也可以用另一個方式來表述。我們可以把行動分為兩類：純粹與自己有關的行動；與別人有關的行動。與他人相關的行動影響或涉及至少另一個人。純粹與己有關的行動只與行動者本人有關；如果這樣的行動真與他人有關也是以他人自願為前提的。於是，密爾的自由準則(Liberty Principle)就變成了這樣：我們可

以控制和指導「與他人相關」(other-regarding)的行動，但不能干預「與自己相關」(self-regarding)的行動。到現在為止，這都說得通。但是，批評密爾理論的人提出，請舉一個例子來說明什麼是應當受到保護的，純粹「與自己相關」的行動。但不管我們舉什麼例證，批評者都能說，這行動與他人有關。比如，我今天決定穿黑色的鞋還是棕色的鞋，這看來像是一個「與自己相關」的行動，如果存在這種類型的行動的話。然而生產棕色鞋油的廠商肯定希望我穿棕色鞋。另外，如果我穿的鞋不符合某個場合的要求，我的非常文雅而敏感的朋友也許會為我而感到失望和尷尬。所以，即使是這樣一件小事也會變得與他人有關。如果絞盡腦汁，我們也許能找到純粹「與自己相關」行動的例證。例如，如果我一人獨居，我睡覺時仰臥還是俯臥恐怕與他人無關吧。(儘管枕頭製造商或是醫務工作者也許會對我如何避免背痛提出看法。)如果我們不得不尋找這樣的例證，密爾的思想就被誤解了。如果我們認為「自由準則」是允許個人自由，但這一理解只限於「與己相關」行動的範圍，那麼可以實行自由準則的場合就很難找到了。

所以，這樣的理解顯然不符合密爾的初衷。密爾堅定地認為，實行自由的範圍不能由社會的「好惡」來確定。所以他顯然主張區分兩類行動，一類是引起社會或社會成員不悅，反感，或厭惡的行動；另一類是造成危害的行動。在密爾看來，僅僅是引起反感或不悅並不能構成傷害。那麼密爾所認為的傷害究竟是什麼呢？

密爾在陳述自由準則時經常使用「利益」這個詞匯。例如，他說他認為可以允許「令個人自動地屈從於外來控制，只是在每人涉及他人利益的那部份行動上」(密爾：《論自由》，136頁)。因此，傷害有時被理解為「對利益的損害」。按照這一解釋，自由準則基

本上可以理解為:「按照自己的意願行動,只要不傷害他人的利益。」

這對我們的分析有一些幫助,但可惜的是似乎誰也不能給這種含義下的「利益」下一個確切的定義。使用利益這個詞的時候經常會與經濟利益相聯繫。如果某人在某項事業裏擁有經濟利益,他賺錢還是賠錢就取決於那項事業的成敗。但密爾並不僅僅關心人們的經濟狀況,所以我們必須補充說,個人至少還有人身的安全和保障方面的利益。因此,凶殺、襲擊、強姦、盜竊、詐騙就都是傷害被侵犯者和被詐騙者的利益的行為。自由準則就很有理由准許我們為防止這類行為而對個人的行動自由採取限制。

但我們必須謹慎從事。密爾並沒有說,只要認為某人有傷害我們利益的可能,社會就可以干預他的行動自由。我們已經舉過能說明這一問題的例子。我決定穿黑鞋,這可能在很小的程度上傷害棕色鞋油製造商的利益,但密爾不允許他們干預我的自由。實際上密爾自己舉了好多更為嚴重的例子:「誰在一個人浮於事的職業上,或在一次大家競爭的考試中取得了成功,誰在競爭一個共同求取的目標中超過他人而入選,他就不免從他人的損失中,從他人的白費努力和失望中,收穫到利益」(密爾:《論自由》,227頁)。密爾認為,自由準則不能排除這些形式的競爭,儘管競爭中的失敗者的利益可能受到嚴重損害。那麼,我們顯然還沒有觸及自由準則的實質。在密爾看來,損害他人利益不足以(不能作為充足的條件)當作限制自由的正當理由。後面我們將談到,我們甚至有理由懷疑密爾是否把傷害他人利益當作一個必要的先決條件。我們必須擴大眼界才能推進我們的論證。

為自由準則辯護

[每人]對於其餘的人也就必得遵守某種行為准繩。這種行為……是彼此互不損害利益,彼此互不損害或在法律明文中或在默認中應當被承認為權利的某些相當確定的利益。(密爾:《論自由》,205頁)

自由、權利、功利

在上面的引文中,密爾求助於一個新觀念:利益應當被看作權利,或稱「基於權利的利益」。也許這能幫助我們理解自由準則。例如,法律能保護我擁有我的財產不被你以武力剝奪的權利,但我並不享有同等的權利來保護我不在經濟競爭中受損害。在通常情況下的確有許多種利益似乎不會被當作權利。當有錢的姨媽把我的名字從她的遺囑中勾銷的時候,我的利益受到損害,但她並沒有侵犯我的權利。

這個觀點看起來很有道理,但我們必須考慮兩個重要的問題。第一,我們如何知道自己享有哪些權利?假如我自稱享有保護我的生意不受競爭者損害的權利。密爾用什麼來證明我沒有這樣的權利呢?第二,密爾在論證的關鍵時刻使用了權利的概念,這令人感到很古怪。在這篇論著的前部他曾寫道(或者可以說他曾吹噓說?):「應當說明,在這篇論文中,凡是可以從抽象權利——作為獨立於功利而存在的東西——的概念引申出來而有利於我的論據的一切,我都一概棄置不用」(密爾:《論自由》,136頁)。但這段話怎麼能與求助「基於權利的利益」這個概念統一起來呢?這段說明顯然與前面所提及的對權利概念的運用發生了矛盾。

也許有人會說,最寬容的辦法就是不理會密爾關於他棄置不用「抽象權利」概念的聲明。但這其實還是說不通。如果我們停下來分

析一下權利這個概念，我們就會懂得，密爾完全有理由發表這樣的聲明。

在自由主義者的圈子裏，「人享有某些基本權利」常被當作一個根本的公理。權利一般包括生命權、言論自由、集會自由、遷徙自由，還有選舉權、競選職務的權利。有些理論家——雖然不是全部——又加上了享受體面的生活(住房、食物、醫療)的權利。這些權利現在經常被統稱作「人權」或「普遍人權」。過去這些權利曾被稱作「人的權利」或「自然權利」。任何事物——特別是政府的行為——如果侵犯了一項人權或自然權利，就是違反道德的，就應當被糾正。人人都有權利，這些權利必須受到尊重——這是我們熟悉的、令人鼓舞的觀點。凡忽視本國公民權利的那些國家往往會在國際上遭到嚴厲的譴責。

但是，自然權利的觀點是很有問題的。事實上，最初使自然權利理論如此吸引人的一個特點變成了這一理論最大的缺陷。就是說，這理論聲稱，權利是基本的、根本的、不證自明的：它是一切其他決定的最終根據。這是很有吸引力的觀點，因為它使這個理論顯得如此嚴格而富有原則。但不利之處是，我們為自然權利辯護時就再也沒有更基本的東西可說了。假如有人提出異議，說他不相信世上存在着任何自然權利，我們怎樣回答呢？除了責怪那人故意搗亂或是糊塗愚鈍，我們好像就無話可說了。使用自然權利這個術語也許在爭論雙方都承認其存在的情況下是個成功的策略。不然的話，這個術語會使我們言之無據，容易遭到攻擊。

另一個與此相關的難題是，如果自然權利是一種根本性的概念，因而無法從別的論證推導出來，那麼，我們怎能知道自己擁有什麼權利？邊沁就利用了這一難題。他說，如果人們擁有自然權利

是「不證自明」的話，為什麼對「自然權利究竟應當是什麼」這個問題，不同的理論家有不同的答案呢？不同的政治哲學家對自然權利的各種説法之間存在着很大的矛盾。這不僅使我們面臨如何正確評判這些説法的問題，而且使我們擔憂，我們聽到的關於自然權利的任何描述往往只是個人的看法。

邊沁對自然權利概念的最著名的批駁是從這樣的看法引出的：權利似乎是一個法律概念。我們認為權利和義務都是由法律來分配的。法律給你選舉的權利、領取福利的權利，受警察保護的權利，等等。邊沁認為權利的本質是這樣的：「據我看權利是法律之子……而自然權利則是一個從未有過父親的兒子」(《無政府主義謬見》，73頁)。[43]假若他的説法正確，那麼「自然權利」——與國家法律無關的權利——的觀念就成了「裝腔作勢的廢話」(《無政府主義謬見》，53頁)。世上根本不存在這種權利。

當然，並不是所有人都能接受邊沁的觀點。像洛克這樣的理論家就斷然否認邊沁的主要假設：權利只能來自法律條文。但密爾贊成邊沁的看法，對自然權利的觀點很不以為然。正是出於這一理由，密爾説他不打算利用抽象權利的概念。然而他又如何能運用「基於權利的利益」這個概念呢？他説的是「已經得到法律承認的那些利益」嗎？我們只要稍加思索就會作出否定回答。密爾畢竟還是自認為他提出的是具有激進的改革意義的觀點，對現狀持批評態度。接受現存的權利制度就等於重新回到習俗和偏見的羈絆之中，而這正是密爾想擺脱的。

---

43 邊沁(Bentham)：《無政府主義謬見》(*Anarchical Fallacies*)，引文頁碼根據*Nonsense on Stilts*, ed. Jeremy Waldron. London: Cambridge University Press, 1983 年。

　　如果密爾既不能接受自然權利，又不能接受傳統的權利，那他到底能接受什麼呢？答案就在他宣稱反對抽象權利的那段話的末尾，上面曾部份地引用了那段話。他表示不會利用「作為獨立於功利而存在的東西」的抽象權利概念，接着他又說：「我把功利看作解決一切道德問題的最終途徑；但這裏所謂功利必須是最廣義的，必須是把人當作前進的存在而以其永久利益為根據的」(《論自由》，136頁)。

　　密爾試圖為這樣一種權利觀作辯護：權利不具有自然的或基本的屬性，也不是對國家現存法律的簡單復述；權利觀是從功利主義理論中衍生出來的。我們在第二章曾初步探討了功利主義理論，也討論了用來為權利的正當性作辯護的「間接功利」論。我們應當簡略地回顧一下討論涉及的主要內容，然後再運用這一理論來論證密爾的自由準則。

　　密爾在他的著作《功利主義》中闡釋功利主義，並為之作辯護。根據密爾的定義，功利主義理論：「認為越是能夠增添幸福的行為就越正確，越可能導致相反結果的行為就越錯誤。幸福指的是快樂和免除痛苦；而不幸就是痛苦和缺乏歡樂」(《功利主義》，257頁)[44]。我們大致可以把這一觀點總結為：功利主義要求我們將人世間的幸福或快樂增加到最高的總量。(這並不能確切地概括密爾的觀點，因為他說過，有些快樂——例如心靈愉悦——的價值高於另一些更具有肉體性質的歡樂。)

　　我們怎樣把權利的觀念與功利聯繫起來呢？《功利主義》中將這一聯繫說得很清楚：「擁有一項權利，我認為，就是享有應當受

---

44 《功利主義》(*Utilitarianism*)。引文頁碼根據 *Utilitarianism and Other Writings*, ed. Mary Warnock, Glasgow: Collins 出版社, 1962 年版本。

到社會保護我對它的所有權的某種東西。如果有人追問說，社會為什麼要保護它？我的回答只有一個：為了普遍的功利(general utility)」（《功利主義》，309頁)。

我們還記得本書第二章談及的直接功利主義和間接功利主義之間的區別。直接功利主義者認為，一個人採取某一行動的前提是，那項行動帶來的幸福將超過其他任何可能採取的行動。根據這個觀點，人們有時候就會說，我們可以懲罰一個無罪的人，只要這樣做能夠平息暴民的怒火，使局勢轉危為安。直接功利主義者必須衡量以下諸因素：那個無辜犧牲者所遭受的痛苦；欺詐行為可能會敗露；如果允許暴怒的羣眾去尋找仇家將會有什麼後果；還有其他會影響在此局勢下產生的痛苦和歡樂之比例的任何因素。如果權衡所有的因素得出的結果是懲罰無辜者將帶來最大量的幸福，那我們就應當懲罰無辜者。

間接功利主義者的策略更複雜精細一些。根據間接功利主義的觀點，法律和道德的目標應當是獲取最大量的幸福，但如果聽任個人自己去尋求最大量的幸福是不可能達到這一目標的。我們再看一下上面所舉的例子。假定讓某些人當替罪羊的確能取得功利的效益。又假定每個人都明白這一點。每個人因此都知道自己有可能成為替罪羊。了解這一點可能會造成一種焦慮和壓抑的氣氛。人們對當替罪羊的擔憂會對普遍幸福造成損害。於是，經過計算得失，間接功利主義者就會得出結論說：沒有證據就不能處罰任何人，這樣才能最可靠地保證普遍幸福。儘管在少有的特殊情況下懲罰替罪羊能給我們帶來好處，但長遠地看，如果讓每個人都享有免於當替罪羊的權利，就能使我們獲得更大的功利。這個例證簡略展示了功利主義理論推導「權利」概念的過程。誠然，侵犯一項權利也許會有

益於我們的短期利益，但在功利主義者看來，從長遠利益考慮，權利必須受到尊重。

間接功利主義理論的確能再往前推演一步，儘管密爾本人沒有這樣做。亨利‧西杰維克(Henry Sidgwick, 1838-1900)是早期功利主義最縝密、精細的理論家，他提議說，雖然功利主義是一種正確的道德論，但有時候對這一點秘而不宣將更為有利。也許應當勸導大多數人信守這樣一些最直接明了的格言：不要說謊，不許殺人，不許欺騙，等等。他的理由是，假若普通人懂得功利主義的理論，他們或許會以直接功利主義的方式來計較得失。由於上面已經說及的原因，這必定帶來壞的後果，而且由於缺少愛心、缺乏能力，或是自身利益的膨脹，多數人可能會計算得很不準確。(參照本書第二章休謨關於人類理性的論述。)西杰維克認為，最好是讓功利主義成為一種深奧的理論，只有明智的精英階層才能懂得它。(批評者稱這一觀點為「總督衙門裏的功利主義」。它以歐洲列強對待殖民地臣民的態度看待本國公民。)

前面說過，密爾本人並沒有作出這樣的推論。事實上他的間接功利主義理論不是直白的表述，而是隱含在觀點之中。然而一旦弄懂間接功利主義的觀點，我們就知道如何用功利主義理論來認識權利。這就可以使立法者得到啟迪。間接功利主義認為，通過訂立保證和尊重個人權利的一套法律，而不是訂立追求最大量幸福的一條法律，立法者能夠更好地保證人們的普遍幸福。講這一番理論的時候，邊沁和密爾心目中的聽眾很可能是立法者而不是大眾。關於這個論題，邊沁的主要著作就名為《道德與立法原則概論》[45]。

45《道德與立法原則概論》：*An Introduction to the Principles of Morals and Legislation.*

現在我們可以來歸納一下了。在密爾看來，取得最大量幸福的條件是：向公民提供一個不容干預的「私人利益領域」(private sphere of interests)，同時也保留一個可以被干預的「公共領域」(public sphere)，但只能在符合功利的情況下進行干預。

這怎麼能解決如何劃分私人領域和公共領域之間界限的問題呢？密爾本人並沒有明說，但答案卻是現成的。首先，我們承認，私人領域就是「與權利相關的利益」領域。下一個難題就是如何區分「與權利相關的利益」(我的人身安全這一利益)和其他利益(我要求不被排除在嬸母遺囑的受益人之外)。功利主義理論回答了這個問題。如果我們通過一條法律來保護公民在大街上行走時不受攻擊的權益，這就會增進普遍幸福；但如果我們規定嬸母是否可以將自己的侄兒排除在遺囑之外，這就會有損於普遍幸福。

另外一些例子可以把事情說得更清楚。前面說過，密爾要保護思想自由。為什麼？因為這樣最有利於尋求真理，而對真理的認知會增進幸福(密爾的話裏有這樣的含義)。因此，思想自由看來就屬於我們與權利相關的利益。然而密爾並不要保護個人的生意不受公平競爭的損害。為什麼呢？因為根據密爾的觀點，自由貿易在功利上的優越性說明，任何其他體制都無法帶來同樣多的幸福。(例如，在封建制度中，個人購買某一類商品的壟斷經營權，其後果是效率極其低下。)因此人們應當擁有商業競爭的權利，而不是保護自己的經濟利益不受競爭影響的權利。問題顯得有些複雜，因為密爾當然同意，公民必須擁有保護自己的財產免於偷盜和詐騙之侵害的某些權利。但在密爾看來，間接功利主義並不包括保護人們不在經濟競爭中受損。

　　功利主義者為自由原則所作的保護看起來很有道理。功利主義的權利理論正好填補了空白：這種權利論不是建立在自然權利論的錯誤依據之上，也不是構築在傳統習俗的流沙之上。它似乎能使我們充份理解密爾所提的建議。但是，用功利主義理論解釋密爾的自由原則，這種思路遭到了強烈的批評。我們很容易找到例子來證明功利與自由之間的矛盾。正如某批評者所説：「對於一個戒毒成功的癮君子，我們可以用功利主義理論辯護説，我們制止了一個輕率的年輕實驗者踏上一條不歸之路」(沃爾夫：《自由主義的貧困》，29頁)[46]。換言之，功利主義似乎會鼓勵正是自由原則所明確反對的那種家長式干預。請記住，自由原則不允許任何人干涉別人的自由，即使是為了保護那個人的利益也不行。因此，我們不能用功利主義理論來為自由權利辯護。

　　這種批駁説明，即使可以構建一種功利主義的權利理論，也並不意味着功利主義理論是一種自由主義理論。我們為什麼認為，從長遠看，在密爾設計的社會裏人們得到的幸福會超過密爾打算革除的那種由傳統道德支配的社會？或是超過其他授權給明智而閱歷豐富的老者來指導年輕人的社會？

　　為了理解密爾對這個問題的解答，我們需要重溫《論自由》中密爾表明他對功利主義的信念的那一段話：「我把功利看作解決一切道德問題的最終途徑；但這裏所謂功利必須是最廣義的，必須是把人當作前進的存在而以其永久利益為根據的」(《論自由》，136頁)。「最廣義的」功利大概指的是我們應當將所有種類的愉悅，和

---

46 沃爾夫(R.P. Wolff)：《自由主義的貧困》(*The Poverty of Liberalism*)，引文頁碼根據
　　Boston, Mass.: Beacon Press, 1968 版本。

一切形式的福祉——知識的、情感的以及肉體的——都計算在內。但他為什麼要加上「把人當作前進的存在而以其永久利益為根據」這句話呢？我們必須了解密爾觀點中更深層的內容，才可能把一切都解釋清楚。

個性與進步

解決這一問題的關鍵在《論自由》的第三章，它的標題是「論個性為人類福祉的因素之一」。密爾正是在這一章裏力圖證明獲取普遍幸福的最佳途徑是賦予公民一個不受干預的，廣泛的私人權利領域。密爾在這章中論證說，自由對人的創造力與個性是至關重要的。密爾還說，「個性的自由發展乃是福祉的首要因素之一」(《論自由》，185頁)。密爾在此要講好幾層意思。或許我們可以把這些觀點放在批駁密爾的一個觀點的背景下來討論。提出反駁意見的是密爾最早也比較優秀的批評者斯蒂芬(1829-94)，意見發表在他於1873年出版的《自由、平等、博愛》[47]一書中。

斯蒂芬說，認為自由本身永遠是好的，這看法不是很荒謬嗎？他說，自由就像火一樣。火本身是好的嗎？這是個不合理性的問題。火的好壞取決於將火用在何處。斯蒂芬的比喻很恰當。置於控制之下的火使我們取得許多非常重要的技術成就——內燃機就是一例。但失控的火卻很可怕，往往會釀成災禍。斯蒂芬認為自由也是如此。

---

47 斯蒂芬(James Fitzjames Stephen)：《自由、平等、博愛》(*Liberty, Equality, Fraternity*),引文頁碼根據 Chicago, Chicago University Press, 1991 版本。

密爾也會承認，自由並不總能帶來「進步」。但他強調說，「進步的惟一可靠而永久的源泉還是自由」(《論自由》，200頁)。與其他可供選擇的政策相比，提倡自由能對人類幸福作出更大貢獻。密爾的論斷依據的是下列理由。

第一，他認為，雖然人們的確會犯錯誤，但本人仍比別人更可能正確地判斷什麼能使自己幸福。本人畢竟更關心自己的幸福，對這個問題考慮得比別人更多。然而密爾承認，人們可能比目前更多得多地使用他們的自由權，因為人們常會濫用這個權利。在行動前，人們會問：「什麼合於我的地位？和我位置相同，經濟情況相同的人們通常做的是什麼？或者(還要更糟)，位置和條件都勝於我的人們通常做的是什麼？」(《論自由》，190頁)。密爾說，獨立判斷肯定會帶來更好的後果。但他並不認為任何人都不應試圖去影響別人的行為。正相反，密爾極力強調的是，如果我們感到別人將要採取愚蠢或有害的行動，我們每個人都有責任說服他們認識自己的錯誤。我們可以給他們講道理，或是懇求他們。但我們只能做這些，絕不可使用強制手段：

> 一切要幫助他判斷的考慮，要增強其意志的勸勉，盡可由他人提供給他，甚至塞給他；但是，他本人是最後的裁奪者。要知道，一個人因不聽勸告和警告而會犯的一切錯誤，若和容許他人逼迫此人去做他們認為對此人有好處的事這一罪惡相權，後者比前者是遠遠有害得多的。(密爾：《論自由》，207頁)

但是，在密爾看來，這些措施必定缺乏一致的社會壓力，雖然他沒有明說我們在實踐中如何劃清一條界線。但總的看來密爾的觀點是：與強迫人們接受社會的建議相比，讓人們自己作裁決能使他們更愉快。

為自由辯護的第二個理由是，自由不僅能從長遠看來提供更好的決策，而且，運用自由選擇權本身對人性的充份發展是至關重要的。密爾說，那些甘為習俗之奴隸的人們永不能成長為完善、上進的人。這並不一定是因為他們會不幸福，而是因為他們將不能發揮人類最獨特的一種能力，那就是選擇的能力。

密爾為自由和個性辯護的第三個——也是最重要的一個——理由是：

> 既然說當人類未臻完善時不同意見的存在是大有用處的，同樣也可以說，在生活方面應當有多種不同的試驗；對於各式各樣的性格只要對他人沒有損害都應當給予自由發展的餘地；不同生活方式的價值應當予以實踐的證明……(這)也是個人進步和社會進步中一個頗為主要的因素。(密爾：《論自由》，185頁)

因此密爾說，「相應於每個人個性的發展，每人也變得對於自己更有價值，因而對於他人也更有價值」(《論自由》，192頁)。密爾的看法是，授予每個人以進行「生活試驗」的權利，這最有利於人類進步。利用這一機會的人們可以放手進行「成功的」試驗，尋找到他人可以仿效的生活方式。換言之，角色樣板能夠告訴別人應當(或不應當)怎樣過自己的生活。從這些角色樣板那裏，不太善於創新的人們可以找到各種新的選擇。

正是在這一點上我們看到密爾也許是最樂觀的觀點。我們也懂得了他為什麼要求助於「最廣義的功利，……是把人當作前進的存在而以其永久利益為根據的」。密爾認為人類是進步的，因為人類能夠為大家的長遠利益而從經驗中學習。從某些個人的試驗中我們可以學到很有價值的東西，以獲得人類永恒的利益。我們當中沒有膽量自己進行試驗的人們可以向更敢於探索的那些人學習。正是通

過觀察和試驗各種各樣的模式，人類可以探索出什麼樣的生活能將我們引向真正的人類繁榮。自由是進行試驗的必不可少的條件。這似乎就是使密爾相信自由——長遠地看——將會保證人類獲得最大福祉的主要理由。

密爾是否過於樂觀了呢？詹姆斯‧Ｆ‧斯蒂芬肯定是這樣認為的。他直接的批評是，密爾錯誤地認為一旦給予人們自由權他們就會積極地開展試驗。人們在免於被他人干預的情況下也同樣可能會變得懶惰，或是對生活缺乏興趣。然而人們可以提出另一個更為深刻的批評意見，它對密爾建議的威脅更大得多。

上面對密爾觀點的闡釋中提到，他的理論最大的分量在於認為人類是進步的，有能力從經驗中學習。20世紀的經驗是不是駁倒了這個觀點呢？如果是，那麼密爾觀點的核心就喪失了。人類不斷地重複自己的錯誤。如果人們不願學習他人的經驗，密爾就沒有理由鼓勵生活試驗。如果我們根本不打算學習，別人為我們展示新的生活方式又有什麼用處呢？根據密爾的理論，如果我們無法按照以上思路為生活試驗辯護，就很難證明個性和自由權的正當性。有人的確說過，人們一般都處在密爾所說的「兒童和野蠻人」的狀態：沒有能力通過自由平等的討論來改進自己。正如密爾自己所說，這樣的人不宜享有自由權，至少從功利主義的角度看是如此。對人類進步的這種悲觀估計或許言過其實了。然而如果真理處於兩個極端之間，如果人類沒有密爾想像的那樣善於進步，那麼為自由辯護的功利主義論證也就相應地減輕了分量。密爾理論的基石是人類進步。

自由本身就是好的

密爾試圖用功利主義理論為自由原則辯護，他這樣做是否犯了

一個錯誤？實際上密爾闡述的是自由的工具論價值：它的價值在於提供了一個為社會尋求最大量幸福的渠道。但或許密爾應當說自由是內在的善，它本身就是好的。如果我們贊成這個觀點，就像當代許多自由主義者宣稱的那樣，我們就避開了這樣一個難題：也許一個非自由主義的社會才能獲取最大量的幸福。自由本身是有價值的，不管它帶來什麼樣的後果。

有人也許會爭論說，世上沒有內在的善：每件事物具有價值都是因為他物，而不是因為自身。但是，即使密爾本人也不得不承認，至少有一樣事物本身就是好的：幸福。功利主義者宣稱，幸福是本身就好的惟一一件事物。檢驗每件事物的正當性都要看它對幸福總量的貢獻。但我們為什麼不能進一步說，世上有兩件(或多件)本身就好的事物：幸福和自由？其實有些論者曾試圖證明這就是密爾真實的觀點，儘管密爾本人並不承認！

密爾會否認我們對他的觀點作出的這種解釋。他很清楚，自由的價值主要在於它是進步的手段，一旦失去這一功能——以兒童和野蠻人為例——自由就失去了價值。只有當自由增進了幸福時，它本身才是好的，但自由是「幸福的一部份」，而不具有獨立的價值。再說，無限制的自由將導致無政府主義。功利主義描述了我們應當享有何種自由，不應當享有何種自由。例如密爾說，我們應當自由地進行商業競爭，但我們不應當享有未經許可就使用他人財產的自由。因此，密爾的觀點允許我們在充份尊重自由的同時，又對自由作出規限。

這並不是對密爾觀點的總結。並不是只有功利主義理論可以對自由作出限制，我們或許還可以為自由，或為公平而限制自由。還可以運用其他方式來論證自由的正當性，而不必仰仗功利主義理論

(下一章將介紹約翰‧羅爾斯的非功利主義角度)。所以，密爾的論證只是為自由主義辯護的一種方式。然而自由原則為我們提供了一個合理的——如果同時也是有缺陷的——對自由主義政治哲學的陳述。我們應當接受這個說法嗎？並非每個人都這樣認為。

自由主義的問題

> 安樂死，亦即應某人自己的請求殺死他；自殺；試圖自殺的約定或自殺契約；決鬥；人工流產；兄弟姐妹間的亂倫：這些行為都是可以私下進行而不妨害他人，也不涉及對他人的腐蝕或利用。(德夫林爵士：「道德與刑法」，7頁)[48]

毒藥、醉酒、有傷風化

如果按照自由原則來管理社會，世界將是什麼模樣呢？本章前面已經提到，密爾本人並沒有認可他的觀點中最令人驚異的某些含義。密爾在《論自由》的最後一章中對自由原則提出了幾條「顯而易見的限制」。其中一條涉及以防止犯罪為正當理由而對自由作出的某些規限。例如，密爾說，如果人們買毒藥的惟一目的是謀殺，社會就完全有理由禁止銷售和購買毒藥。但事實上多數種類的毒藥都有其他用途，所以密爾建議法律應當規定藥劑師要進行登記，記載銷售的細節，包括買主的姓名及買藥的用途。如果後來發現某人被毒死，警方手裏就已經掌握了一個主要嫌疑人的名單。嚴格地說，一個無辜的購買者也許會抱怨說，這個規定干預了個人自由。但密爾的看法是，與整個社會獲得的益處相比，這種干預就顯得微

---

48 德夫林爵士(Lord Devlin)：「道德與刑法」(Morals and the Criminal Law)，引文頁碼根據 *The Enforcement of Morals*, Oxford: Oxford University Press, 1965 版本。

不足道了。因此，這顯然是自由原則的一個例外。

另一個例外是，醉酒在通常情況下並不是犯罪，但任何人如果被判定在酒醉後用暴力侵犯別人，在密爾看來，就應當被禁止飲酒。密爾認為，在這種情況下，使他人受傷害的危險在重要性上超過了個人的飲酒權利。

儘管有些自由主義者會擔心，這些事例——尤其是最後那個例子——會對人類自由限制過多，但密爾的看法是，這些限制的正當性在於防止了對人類的嚴重傷害，即使這傷害只是一種遙遠的可能。然而另一個例子涉及更重要的原則問題：

> 還有許多行動，其直接損害只及於本人，因而不應當遭到法律的禁止，但若公開採取這樣的行動則會有傷風化，因而又可以劃入損害他人的範疇，予以禁止是不失為正當的。凡所謂有失體統的行為都屬於這一類。這一點，與其說沒有必要加以深究，毋寧說和我們的題目並非直接相關。因為有許多本身絲毫無可譴責也無人以為可以譴責的行動，也同樣不適於公開。(密爾：《論自由》，230-1 頁)

談及這樣一個微妙的話題，密爾的文筆失去了通常的明晰，但這段話的用意是清楚的。某些行為，例如夫妻間的性行為，如果私下進行是不會由於違反道德規範而受到譴責，但若當眾從事這樣的行動，則很少有人(包括密爾)能夠接受。

但是，密爾這樣能夠將這一觀點與自由原則統一起來呢？「有傷風化」又有什麼害處呢？密爾畢竟也堅持認為僅僅有失體統算不得傷害。在這裏，密爾雖然沒有明說，卻似乎允許將傳統道德置於他所堅持的自由原則之上。也許很少會有人批評他所建議的政策，但我們很難理解他如何能將這一點與他的其他觀點統一起來：其實他似乎並沒有認真地嘗試過這樣做。

　　一旦考慮到這一類例子，我們就開始懂得，遵循密爾的「一個簡單的原則」將會把我們引向一個從未見過的社會，而且或許是我們決不希望看到的那種社會。德夫林爵士在論文「道德與刑法」中明確指出了自由主義理論中的某些顯著的矛盾。這篇文章的發表部份用意在於批評 1957 年的《沃爾芬登報告》(The Wolfenden Report)，該報告建議將成人之間的自願的同性戀行為合法化。《沃爾芬登報告》還提出，賣淫不應當被視作非法行為。這些建議看來都很符合自由原則。但是，德夫林說，當代社會的很多法律都很難用自由原則來為之辯護。例如禁止決鬥、亂倫、安樂死的法律。

　　為了解釋自己的觀點，德夫林專門討論了賣淫的問題。為什麼自由主義者願意准許它存在呢？標準的答案也許是法律不應當干預：賣淫只關係到妓女和嫖客兩個人。但德夫林問道：

> 如果賣淫……不應受到法律的干預，那麼，憑什麼要干預拉皮條的人和妓院老板呢？報告建議說，認定這些行為觸犯刑律的那些條款應當保留，可以納入「剝削」的類別。……然而一般說來，拉皮條者對妓女的剝削並未超過劇院經理對女演員的剝削。(德夫林爵士：「道德與刑法」，12頁)

　　德夫林本人的看法是，只有在一個前提下我們才能理解這些事情，那就是：假定社會擁有某些道德原則，並通過刑法來執行這些原則。誰破壞了這些原則誰就被認為冒犯了整個社會。

　　儘管密爾會否定德夫林關於法律永遠應當維護傳統道德的說法，但毫無疑問的是，假若面對德夫林所舉的例證，密爾會感到尷尬。這並不等於說，像密爾這樣的自由主義者無法找到理由來反對安樂死或開妓院。問題在於，如果真要像密爾主張的那樣嚴格地遵奉自由原則，那麼自由主義者為什麼還要關心它是否會與傳統道德

發生衝突呢？密爾自稱堅持「一個簡單原則」，這並沒有反映出他的理論實際上有多麼複雜。

馬克思主義對自由主義的非難

另一種很不相同的批評來自馬克思主義思想傳統。馬克思本人對這一問題最著名的評論發表在他早期的論文「論猶太人問題」之中。文章發表於 1844 年，馬克思當時 26 歲。1816 年普魯士通過了一系列法律。根據這些法律，猶太教徒享有的權利要遠遠低於基督徒。例如，馬克思本人的父親海因里奇在反猶法律通過一年後就改信了基督教，因為根據那些法律，他就不可能既信猶太教又當律師。1843年萊茵國會(the Rhenish Parliament)投票通過了解放猶太人的法案，但卻遭到了國王的否決。從那時起，猶太人問題就成了普魯士自由主義者和知識份子們激烈爭論的題目。

馬克思寫「論猶太人問題」是為了回答他的朋友和同事布魯諾·鮑爾。鮑爾曾從無神論的角度撰文反對解放猶太教徒。鮑爾的觀點是，宗教既是基督徒的桎梏，也是猶太教徒的桎梏。德國人民如果要獲得解放，整個國家和公民就必須從宗教中解放出來。宗教必須廢除。

馬克思宣稱不同意鮑爾的意見，但實際上他卻把鮑爾的觀點放在了更深刻，更理論化的背景之中。馬克思認為鮑爾忽略了一個關鍵的區別：政治解放與人類解放之間的區別。與此同時鮑爾也就沒有看到馬克思所說的「國家」與「公民社會」之間的區別。

要求政治解放就是要求權利的平等。在宗教解放的背景下，一個解放了的國家，它的法律不應包括任何宗教限制或宗教特權。在馬克思看來，美國是政治解放接近完成的一個例子。即使在 1844

年，美國大多數州的法律都能平等對待所有公民，不管他們信仰何種宗教。但歧視可以存在於另一個層次。即使國家的法律「不區分宗教信仰」，公民作為個人仍會充滿宗教偏見和仇恨。其後果就是，信仰某些宗教的公民在就業、求學和其他方面受到歧視。在日常生活和經濟生活的私人領域——公民社會——即使在一個政治上已經獲得解放的國家，仍然存在着歧視。因此馬克思說：*「即使人還沒有真正擺脫某種限制，國家也可以擺脫這種限制」(《論猶太人問題》，44頁)[49]。政治解放不是人類解放。

這就確立了馬克思批評自由主義的基調。自由主義追求的是建立一個公民享有平等、自由、安全、財產等權利的國家：也就是政治解放。但是，擁有這些權利不僅尚未達到人類解放的目標，這些自由權利實際上還是人類解放的障礙。因為自由權是分離性的以自我為中心的權利：在馬克思看來，這些權利鼓勵每一個人把別人都看作對自己的自由的限制。馬克思認為，在真正獲得了解放的社會，每個人從觀點到行動都把自己看作由平等的人們組成的一個共同體中全心全意互相合作的成員。自由主義只是對這一理想的拙劣模仿，它在國家的層次樹立起一個假冒的由「平等」公民組成的共同體。這個共同體掩蓋着公民社會中不平等的成員之間以自我為中心的日常競爭活動，人們「把別人看作工具，把自己也降為工具，成為外力隨意擺布的玩物」(《論猶太人問題》，46頁)[50]。公民被賦予的自由權強化了公民社會的自我中心和對抗的傾向。

---

49 馬克思：《論猶太人問題》(On the Jewish Question), 引文頁碼根據 *Karl Marx: Selected Writings*, ed. D. McLellan, Oxford: Oxford University Press, 1977版本。中文譯文轉引自馬克思：《論猶太人問題》,《馬克思恩格斯全集》，第一卷，人民出版社1956年，426頁。

在馬克思看來，政治解放——自由主義——是跨越等級制的、不平等的國家向前邁進的一大步。但從這裏仍然要走很長的路才能到達馬克思的理想，共產主義社會。在那裏，解放的範圍一直延伸到公民社會。馬克思相信，這一變革當然只有通過革命來實現。相形之下，在馬克思看來，自由主義只是一種膚淺、浮華的理論。

公有主義與自由主義

馬克思說得對嗎？現在很少有理論家能夠有把握地說，馬克思讓我們懂得了他說的人類解放究竟是什麼意思，以及怎樣去實現這個目標。然而某些反對自由主義的當代理論家以很不相同的方式接過了馬克思對自由主義的批評。這些理論家稱自己為公有主義者(communitarian)而不是共產主義者。公有主義者贊同馬克思對自由主義中的「原子論」(atomism)或個人主義(individualism)的批評。但與馬克思不同的是，他們認為矯正的途徑不在於建立一個想像中的未來的共同體，而在於現存社會的文化與傳統之中。

公有主義者說，自由主義把人看作孤立的個體，他們生活在各自受到保護的小領域裏，以他們自己認可的方式追尋自己的利益。信奉自由主義的個人認為自己對所處社會中的習慣、文化、傳統、風俗等並沒有什麼特殊的依附關係。公有主義者則認為，我們都是徹頭徹尾的社會生物，我們的屬性和我們的自我認知都與我們所處的社群緊密相連。如果我們不歸屬於聯繫着我們的承諾與責任的那個獨特的、本地的社會環境，那麼，我們就真正變成了完全不同的人。密爾自己在《功利主義》中就說過贊同這種觀點的話：

---

50 同上。中譯文見 428 頁。

> 社會狀態對人們來說是如此自然、必要、合適，除了某些特殊情況
> 或是有意的自我疏遠之外，人們從來都會把自己看作是群體的一
> 員。隨著人類越來越遠離野蠻孤立的狀態，這種聯繫就變得越來越
> 緊密。因此，社會狀態所必有的任何基本條件都越來越成為每個人
> 對自己生長其中、命運所繫的事物狀態的概念中不可分割的一部
> 份。(密爾：《功利主義》，284-5 頁)

　　然而，公有主義者會批評說，密爾並不懂得他自己說的這番話
的含義。只有在相反的，孤立於羣體的個人主義觀點中，自由才顯
得如此寶貴。在密爾看來，自由使我們能夠擺脫習俗與從眾的沉重
束縛。但是，公有主義者認為，這觀點不僅是對人性的一個錯誤的
假定(說人類能夠擺脫這些「束縛」)，它還會造成非常危險的後果。
由於否定了社羣的重要，我們就會走上通往個人異化的道路，最終
將會導致社會的混亂。為了糾正這一觀點，我們必須承認道德習慣
的重要性——那是粘合社會的紐帶。我們還必須承認，誰也無權做
任何嚴重損害道德的事情。當然，我們不必把道德習慣看作靜止不
變的東西——對於它究竟是什麼，人們肯定會有爭議。但道德改革
的幅度會受到所處社會的習俗與傳統的限制。

　　公有主義者可能會面臨這樣的批評：他們主張建立的是一個十
分壓抑的社會，那個社會沒有給個人自由留下多少位置。但公有主
義者可以爭論說，自由主義者不懂得真正的自由是什麼。自由主義
者對自由下了一個「消極的」定義：人是自由的，他能夠自己選擇
怎樣生活。但公有主義者認為，這是一個淺薄而且十分荒謬的觀
點。用不加干預的辦法並不能給人自由。與此相反，我們應當把人
提升到某一個高度，使他能夠正確地選擇怎樣生活：一個理性的人
所作的選擇。

根據這一不同的，主張「積極的自由」的觀點，透徹的社會化是自由的開端，這就必然要包括教育人們懂得什麼是自己的「真正利益」。然而任何破壞社會，從而使人們失去歸屬的行為對誰都不利。所以，如果不允許你參與損害道德習慣之主體的行動，也並不等於限制你的(積極的)自由。這近似於本書第三章談及的盧梭的觀點：遵從公意只會提高而不是限制個人的自由權。

密爾和公有主義者會對彼此提出的自由理論投以懷疑的目光。如果說密爾定義的消極自由會導致孤立和異化，那麼公有主義者定義的積極自由則會導致以自由為名的壓制。其實，我們似乎可以這樣歸納密爾與公有主義者之間的爭議：一種是以(經過修正的)自由原則為基礎的社會；另一種是以(經過修正的)習俗和傳統為基礎的社會——哪一種社會更幸福？我們可以看到，事實上這兩種觀點可能會殊途同歸：也許最理想的社會正是兩者的結合。(本書末章將更詳細地討論一場類似的爭辯)。

結 論

可以公平地說，密爾正確地衡量了(消極)自由的價值，正確地認為，一個自由的社會很可能比許多不自由的社會更加幸福。然而正像我們所說過的，密爾自己對自由的辯護主要依據的是這樣的看法：人類有能力實現道德的進步。這被密爾奉為信條。但是，如果密爾的信條是錯誤的，那麼，從功利主義的角度來看，公有主義社會很可能比自由主義社會更優越：如果誰也不願從試驗中學習好的東西，生活試驗帶來的後果也許就會弊大於利。因此，自由主義的辯護士們要麼就得證明人類有能力實現道德進步，要麼就得從別處為自己的理論尋找依據。

　　在本章的末尾我忍不住要説起一個故事。八十年代中期，我遇到一位曾在高度專制的佛朗哥時代學過法律和哲學的西班牙律師。我問他，那時候是否可能學習政治哲學，他説他還真修過這樣一門課。那個學年的多數時間裏他們學習古希臘人的著作，但在最後幾周他們也學了現代人的理論。學過霍布斯、洛克、盧梭之後，又花了一些時間學黑格爾，然後上了兩個小時的馬克思研討課。但對於約翰·密爾的理論只用幾分鐘時間提了一下。佛朗哥政權禁止的不是馬克思，而是密爾。這是很有道理的。卡爾·馬克思的學説不大能蠱惑鄉下來的那些富裕的法律系學生。但約翰·密爾關於言論和自由權利的理論就大不一樣了。

5 財產分配
The Distribution of Property

分配正義問題

> 我們假定有一種生物具有理性但不熟悉人性，正在獨自考慮何種公正規則或財產規定可以最有效地促進公共利益，使人類得到和平與安全，他最可能的想法是將最大份額的財產給予最有美德者，並按照各人的願望授予每個人以行善之權。……但若由人類來實施這種法則，……整個社會定會立即完全瓦解。(休謨：《道德原理探究》192-193頁)[51]

自由和財產

財產應怎樣分配？正如休謨所說，這是個難題。任何直白的答案都可能過於簡單了。

密爾認為，公民自由要求每個人都得到保護，免於侵犯。對他來說，侵害財產，包括盜竊、詐騙和損毀，是侵犯的一種形式。但他指出，我們無權要求不受一個正常運轉的市場影響，無權要求躲避經濟競爭。他屬意自由放任的資本主義——至少在目前人們的道德尚不完善的階段(他在後期作品《論社會主義》中預言，社會主義這種經濟組織形式更適合未來的道德完人)。他還認為，個人有義務分擔政府運轉所需的費用，應納稅以養活那些不能(或不願)自立的人。

---

51 休謨：《道德原理探究》(*An Enquiry Concerning the Principle of Morals*)，引文頁碼根據 *Enquiries*, ed. L. A. Selby-Bigge, Oxford: Oxford University Press, 1975 年第三版。譯文參照商務印書館 1993 年版《休謨政治論文選》，譯者為張若衡。

　　同意上述設想的人們在多大程度上是因為接受了自由的價值觀？評價一種財產分配制度是否公正，還可以運用其他什麼價值觀呢？實際上密爾是在相當直接地用功利主義為他的分配公正觀辯護。洛克等人則認為，要推導出一個公正的財產制度，應求助於自然產權。還有人認為平等觀更為根本。

　　讓我們先花點時間想想接受自由價值是否影響到公正分配問題。一個自由社會應如何分配財產？眾說紛紜。以洛克為首的一種傳統學說提出，重視自由就要承認公民對財產享有很強大的自然權利。鼓吹公民應享有充份自由的人將這種觀點加以發揮(其最精彩的論述是哈佛大學教授羅伯特‧諾齊克1974年出版的《無政府主義，國家和烏托邦》一書)，認為這些權利強大到了政府無權干涉的程度。在諾齊克所說的「最小國家」中，政府有責任保護個人財產權，但不能向個人徵收超過維持治安和國防所需的稅賦。根據這種觀點，如果國家企圖將財產從一部份人手中(富人)轉移到另一部份人手中(窮人)，就侵犯了個人財產權。分配應由不受限制的自由市場、贈與和自願的慈善捐款來進行。

　　接着，鼓吹公民應享有充份自由的人試圖從論證個人自由價值引申出資本主義是一種很純粹的形式。這就把個人財產放到其權利的「保護領地」裏，任何外人，不論政府還是個人，未經同意都不得侵入這一領地。

　　與之相左的一種觀點指出，鼓吹公民應享有充份自由的觀點注定會導致貧富懸殊，而貧富懸殊反過來又會危及窮人的自由，至少是窮人的機會。這種福利自由主義觀點認為財富應進行從富人到窮人的再分配，以保證所有人平等地享受自由。財產不屬於個人的保護範圍，政府有義務監督財產分配，有必要的話(由土地法規決定)，

甚至加以干預，以保護自由和公正。諾齊克的哈佛同事約翰・羅爾斯 (John Rawls)1971 年出版(比諾齊克的書早三年)的《正義論》[52]一書提出了福利自由主義最重要的變形觀點。實際上，當代政治哲學的許多爭論都是羅爾斯這本書引發的，或是為羅爾斯辯護，或是反對，如諾齊克。

諾齊克和羅爾斯對分配公正這一問題作出了不同的回答。一個深思熟慮的觀點應當能夠解答一系列問題：自然財產權存在嗎？自由市場的地位如何？我們應該容忍貧富懸殊的存在嗎？政府應扮演什麼角色？這些問題不乏答案，但哪個正確？

以收入排序的游行隊伍

不借助一些輔助思維的工具，很難正確解答這些問題。分配公正問題也就是物品應該怎樣分配的問題。而且，回答「事物應該怎樣」的最好方式似乎是考慮「它們是什麼樣子」，因此我們也許應該從一些事實入手。

未經處理的收入統計數據無疑很有用，但很難給人留下深刻印象。告訴讀者處於頂端的百分之幾的人口擁有多大份額的財富當然很好，但讀者很難理解這些枯燥數字的意義。因此，荷蘭經濟學家詹・佩恩(Jan Pen)在其 1971 年出版的《收入分配》一書中獨辟蹊徑地介紹了英國收入分配的狀況。

佩恩讓我們設想一個龐大的游行隊伍，每個有收入的英國人都參加，包括那些接受社會救濟的人。整個游行隊伍為單人隊列，以

---

52 羅爾斯：《正義論》，引文頁碼根據 *A Theory of Justice*, Oxford: Oxford University Press,1971 年。譯者翻譯引文時曾參照上海譯文出版社 1991 年出版的《正義論》中譯本，譯者為謝延光。

收入多少為序,低收入者在前,高收入者在後。假設整個游行隊伍在一小時內經過我們身邊。這個游行隊伍的獨特之處在於,每個人的身高是由他們的稅前收入決定的,也就是說,收入越高,個頭越高。平均收入者是平均身高,收入是平均收入兩倍的,身高也是平均身高的兩倍,依此類推。假設我們這些觀眾是平均身高,在這游行隊伍通過時,我們能看到什麼呢?

首先,頭幾秒鐘,我們能看到一些身高為負數的人。這些人是虧損企業的老板。很快,就走來像火柴棒或香煙那麼高的人:一年只工作大約一周,沒有固定年收入的家庭主婦,送報紙或做零活的學生,等等。

這些人從我們面前通過花了5分鐘。10分鐘後,3英尺高的人(相當於兩歲兒童的身高)開始通過。這些人包括許多失業者,退休人員,離婚的婦女,一些青年和經營不善的商店的老板。接着是低收入行業的普通工人:垃圾工人,搬運工,一些礦工,新職員和手工勞動者。這羣人當中還有許多黑人和亞洲勞工。15分鐘後,游行隊伍終於長到了4英尺,接下來的15分鐘身高變化很小,通過的是受過訓練的熟練產業工人和公司職員。

佩恩在這裏評論道:「你知道,游行將持續1個小時。也許你原以為過半個小時,就可以平視游行者,但事實並非如此。你仍在俯視他們。」(《收入分配》51頁)45分鐘後,我們才能看到平均身高的人。這些人包括教師,高級公務員,店主,監工和一些農場主。

最後6分鐘,游行隊伍變得十分壯觀,因為收入最高的10%過來了。6英尺6英寸高的是中學校長,各行各業年輕的大學畢業生,更多的農場主,以及部門主管。他們多半不知道自己的收入在前10%。在最後幾分鐘,「巨人突然出現了」。一個不是特別成功

的律師，18英尺高；第一批醫生，7-9碼(譯注：1碼等於3英尺)；第一批會計師也是7-9碼。最後一分鐘，大學教授出現了，9碼高；公司總裁，10碼；終身職大臣，13碼；高等法院法官，會計師、眼科醫生，20碼以上。

最後幾秒鐘，我們會看到像摩天大樓那麼高的人：商人，大公司的總裁，影星，王室成員。菲利普親王，60碼高；歌星湯姆‧瓊斯，將近1英裏高。最後是約翰‧保羅‧蓋蒂(譯注：美國石油大王)，10-20英裏高。

這些數字當然已很陳舊。一個新版本是，最後幾分鐘主要是律師、會計師、銀行家、證券經紀人和公司經理，公共部門的雇員(特別是大學教授!)更靠後。雖然統計數字已過時，但用這種方式羅列出來，卻觸目驚心。看到這些數字你不由會想：這樣不平等的社會一定是出什麼問題了。但是，這樣的結論合理嗎？我們也完全可以得出不同的結論。有人認為，要作出審慎的判斷，一個游行隊伍還不足以提供足夠的信息。還有人補充，以游行隊伍打比方有嚴重誤導作用。將這一點加以引申，可以說，這一所謂「科學的」單純數據羅列是「有價值傾向的」，因為數據的篩選者想以此說服我們：現在的社會不公正。

無疑，現行制度的維護者大多不會用這種方式羅列數據。那麼，如果用游行隊伍打比方會產生誤導作用，那它是怎麼誤導的呢？它誇張了什麼，歪曲了什麼，又忽略了什麼？佩恩自己也質疑它採用的「基準」的性質。游行隊伍包括了所有的人，只要他們有收入。因此，游行隊伍之所以能產生驚人的效果，是因為包括了做零活的兒童，一年只工作幾周或一周只工作幾個小時的婦女和其他不指望只靠自己的工資收入生活的人。這些人全家人的收入總和通

常更可觀。顯然，如果我們以家庭作為對比的基準，那麼許多低收入者就可以排除了。

一種更有哲理的反對意見認為，這樣羅列數據忽略了許多關鍵性的事實，例如，這些數據無法說明一些人的錢是通過誠實地做買賣還是通過盜竊詐騙得到的，是通過努力工作還是通過剝削他人得到的。不知道這些，我們怎麼評價一個社會是否公正呢？

財產與市場

> 誰第一個把一塊土地圈起來並想到說：「這是我的」，而且一些頭腦十分簡單的人居然相信了他的話，誰就是文明社會的真正奠基者。假如有人拔掉木樁或者填平溝壕，並向他的同類大聲疾呼：「不要聽信這個騙子的話。如果你們忘記土地的果實是大家共有的，土地是不屬於任何人的，那你們就要遭殃了！」這個人該會使人類免去多少罪行、戰爭和殺害，免去多少恐怖和苦難啊！（盧梭：《論人類不平等的起源》84 頁）

洛克論財產

要證明一個社會儘管存在不平等，但不失公正，一個辦法是證明那個社會中有產者的財產權合乎道義。這樣的產權理論能構建起來嗎？

諾齊克認為，一種產權理論需要三個原則：「初得正義」(justice in initial acquisition)、「轉讓正義」(justice in transfer)和「修正正義」(justice in rectification)。約翰·洛克(我們已在本書第一、二章介紹了他的思想)在其論財產的著作中主要回答了第一個問題：一個人如何才能有權佔有從自然狀態中取得的財產？

這是個非常棘手的問題。一個人的所有財產或者曾經是無主

的，或者歸根結底是用曾經無主的東西制成的。這本書是用紙做的，紙的原料大多是木材，木材來源於樹木，樹可能是人種的，但樹是從種子長成的，而種子來自曾經無主的樹。就這樣，一個無主物品，不論是樹還是種子，成了一個人的個人財產。這是怎麼回事？一個人是怎樣取得獨佔那個物品的權利的？如果是土地，回答這個問題就顯得尤為迫切了。任何人均可使用無主的土地，一旦土地成為私產，未經主人允許，任何人都不得使用。一個人究竟是怎麼取得這樣排他的權利的？要回答這些問題，不能不提初得正義。

洛克的《政府論》下篇有一章談財產，其中洛克提出了幾個理由，以證明初得正義的合理性。洛克認為，如果你是財產的合法主人，當然就對其享有各種權利。你不僅有使用權，還可以通過買賣或饋贈轉讓給別人，包括留給你的繼承人。因此，洛克試圖證明其合理性的產權正如今天我們所理解的那樣，含義很寬泛。

學者仍對應怎樣看待洛克的理由存在巨大的分歧，甚至洛克本人也不會認為他把這些理由說明白了。但是毫無疑問，洛克認為勞動在獲得財產的過程中最重要。通過閱讀原著，我們可以將洛克支持財產最初取得合法性的理由歸為四條。暫且不論洛克自己認為他列出了多少理由。

第一條理由是從生存角度考慮。洛克假定最初世界為全人類共有。那麼，一個人怎樣才能擁有什麼東西，作為個人的私產呢？洛克首先借助於本書第一章討論的「基本自然律」——人類要盡可能保全自己。如果任何人都不得佔有任何東西，我們全都會死亡。因此，為了生存，必須允許我們佔有需要的東西。洛克進一步從神學角度來證明這一點。不允許上帝放在地球上的人類生存是對上帝理

性的冒犯。但是，我們從自然中獲取物品必須受兩個條件制約——
「洛克式限制性條款」——才是合法的：一是不能獲取超過能夠利用
的數量的物品(不浪費條款)；二是必須為別人留下「足夠的、同樣好
的」物品。這兩個條件不僅適用於生存的理由，而且適用於洛克提
出的所有理由。

生存理由很有道理，但有一些明顯的局限性。首先，它只是證
明了獲取用於生存的物品(如水果和堅果之類)的合理性，而不能證明
獲取土地的合理性。其次，它沒有明確規定一個人可以擁有多少私
產。洛克《政府論》下篇中著名的論財產的一章中第二個理由彌補
了這兩個缺點：

> 土地和一切低等生物為一切人所共有，但是每個人對自己的人身享
> 有一種所有權，除他之外任何人都沒有這種權利。我們可以說，他
> 的身體所從事的勞動和他的雙手所進行的工作是正當地屬於他的，
> 所以只要他使任何東西脫離自然所提供的、那個東西所處的狀態，
> 他就已經摻進了他的勞動，在這上面摻加了他自己所有的某些東
> 西，因而使其成為他的財產。既然是由他來使這件東西脫離自然所
> 安排給它的一般狀態，那麼在這上面就由他的勞動加上了一些東
> 西，從而排斥了其他人的共同權利，因為，既然勞動是勞動者無可
> 爭議的所有物，那麼對於這一有所增益的東西，除他之外就沒有人
> 能夠享有權利，至少在還留有足夠的同樣好的東西給其他人所共有
> 的情況下，事情就是如此。(《政府論》下篇 287-288 頁)

這裏，洛克從兩個前提出發：一是你擁有自己的勞動，二是當你在
一個東西上投入勞動時，你就將自己的勞動「摻入」了那個東西。
因此，只要那個東西沒有被別人合法佔有，你最終就會擁有它(條件
是你要給別人留下足夠的、同樣好的東西)。毫不奇怪，這個理由一
般被稱為洛克的「摻入勞動論」。這個理由比前一個理由高明的地

方在於它似乎能證明獲得土地的合法性，正如它能證明獲取堅果和漿果的合法性。

這個理由背後的基本思想很吸引人。那些首先開墾一塊土地的人有權保有這塊土地，這讓我們想到西部的拓荒者。他們在邊疆樹起界樁，開墾土地，以證明其權利。很多人反駁說，對那些沒有勞動能力的人來說，這似乎太殘酷了。但羅伯特‧諾齊克指出了一個更基本的缺陷。將勞動摻入土地就有權擁有土地，這樣說似乎需要有個前提：如果你佔有某物，並將其摻入另一個目前無主(或全民共有)的東西，你就擁有了後者。但這個前提當然是錯誤的，諾齊克舉了個反例：「如果我有一罐頭番茄汁，把它灑進大海，讓它的份子(番茄汁裏加進了放射性物質，因此我可以檢測到份子的活動)均勻地與海水混合，那麼結果我佔有大海了呢，還是愚蠢地浪費了我的番茄汁呢？」(《無政府主義，國家和烏托邦》175頁)

如何補救摻入勞動論呢？也許，洛克的着眼點不在「摻入」，而在於「勞動」，也就是說，摻入勞動與摻入番茄汁不能做比較，因為勞動具有某種特殊的性質。是什麼性質呢？這裏，我們接觸到洛克的第三個理由：「附加值」論。想想一塊未經開墾的土地能出產多少食物，再想想同樣大小的一塊土地經過墾殖能出產多少食物。洛克認為，經過開墾的土地產量可能是未經開墾的土地的一百倍，因此他總結道：「勞動……使一切東西具有不同的價值」。(《政府論》下篇296頁)也就是說，土地經過開墾，價值就大大提高。這就是為什麼勞動使勞動者有權佔有已開墾土地的原因。

但這個理由也有個明顯的缺陷。我們可以同意勞動使你有權保留增加的價值，但土地不是增加值的一部份，它在你來之前已存在，即使你沒有開墾，通常也會存在。因此，這個理由充其量只能

證明保留勞動果實的合法性，似乎不能為佔有被開墾的土地辯護。那麼還有辦法取得土地所有權嗎？

第四個理由可能有用。洛克說：

> 上帝是把世界給予勤勞和有理性的人們利用的，……不是給予喜歡吵鬧和紛爭的人來巧取豪奪的。誰有同我已被佔用的東西一樣好的東西可供利用，他就無需抱怨，也不應該干預旁人業已用勞動改進的東西。如果他這樣做，很明顯，他是想佔人家勞動的便宜，而他並無權利這樣做；他並不想要上帝所給予他和其他人共有以便在其上從事勞動的土地。（《政府論》下篇，291頁）

在這一節，洛克希望我們設想一個名叫勤勞的人佔用並改良了一塊土地，另一個名叫吵鬧的人聲稱勤勞開墾的那塊地是他的。如果剩了許多地，吵鬧要勤勞土地的唯一理由就是懶惰，就是不想像勤勞那樣投入勞動。但這不是個好借口，因此也就不能藉此抱怨勤勞佔用土地。我認為，洛克偷偷採用了應得報酬(desert)這個概念。如果勤勞努力工作，她就有權得到她應得的勞動果實，至少其他任何人都無權佔有她的土地。

不幸的是，這個理由和前面的理由有共同的缺陷。保留勞動果實可以，但土地終究是早已存在的。也許這個理由能證明臨時擁有土地是正當的——只要你在充份利用土地，它就屬於你，一旦不利用，它就不再屬於你了。然而，很少有人認為產權是附帶條件的。當然洛克也不這樣想。這個理由不允許你出售土地，或把土地留給後代。再說，如果勞動成為獲得財產的必要條件，那些無力養活自己的人當然會黯然神傷。不論開墾土地就能得到所有權的吸引力有多大，我們很難解釋為什麼應該這樣，至少在洛克的理論框架裏很難解釋。

接下來與此相關的問題是「足夠的、同樣好的」條件。洛克認為，如果剩下了許多同樣好的土地，就沒有理由反對他人將土地撥歸己用。也許他是對的，然而一旦土地成為稀缺資源呢？按照洛克的邏輯，這時產權就應該瓦解了。當然他沒這麼說。他很可能認為，只要人們在別人的土地上勞動比在自然狀態中生活得更好，那他們就沒有理由抱怨別人擁有產權。為了證明勞動和產權能帶來好處，他寫道，美洲一個擁有廣大肥沃土地的國王(在那裏土地很少被開發)「在衣食住方面還不如英國的一個粗工」(《政府論》下篇，297頁)。

但是，如果我們不從字面上理解「足夠的、同樣好的」條件，即真的有充足的同樣好的土地供人佔用，那洛克為財產權所做的辯護就遠遠不具說服力了。因為土地如果稀缺，則會首先被那些通過勞動得到所有權的人佔有。下一代人不能擁有自己的土地，就會抱怨說，與那些繼承了土地的人相比，他們受到了不公正的對待。這不是因為他們喜歡吵鬧與紛爭，而是因為他們覺得別人得到的東西他們沒得到。為什麼你有土地而我沒有？難道就是因為你我之間唯一的差別是你的祖先勤勞，而我的祖先不勤勞？對此我們該何以應對？

要為財產權辯護，確實需要回答這個問題或找出新的理由。畢竟，地球的整個陸地表面實際上已被個人、企業或國家據為己有。因此，似乎可以說，或者這些佔有行為是非法的，或者佔有財產一定有正當的理由。但實際上至今沒有人完善洛克對這個問題的論證。

論證沒有得到完善的原因顯而易見。前面說過，一件物品被一個人或一個集團佔用之前，人人均有使用該物品的自由。一旦它成為個人財產，別人的這一自由就被剝奪。只有徵得主人的同意，其他人才能使用這一物品。我可能對一塊土地或其他什麼東西做了什麼，以至有這麼大的作用？為什麼我對一個東西施加的影響應該剝

奪你原先使用它的自由？這個問題很難回答，因此也很難找到初得正義令人滿意的原則。也許根本不可能找到這樣的原則。

那是不是可以說，財產是偷來的東西呢(根據蒲魯東的著名公式)？這樣下結論未免過於草率。有一種較溫和的答案：我們一開始設定的框架可能有問題，也就是說，將初得正義問題作為分配正義理論中獨立的一部份集中研究可能不對。也許我們可以論證一個包含私有財產權這一要素的分配正義體系是合理的。那樣，我們或許就可以證明私人財產是一種正義理論的固有組成部份，而不必過於擔心財產最初是怎樣從自然中取得的。這正是許多自由市場制度的維護者試圖做的事情。

自由市場制度

除了洛克的理論，還有一種功利主義的產權觀。這種觀點的原理是：允許人們佔有財產，進行產權交易或留給後代，將鼓勵他們最有效地利用其資源。這將比其他任何制度對人類幸福的貢獻都大。這一個觀點已暗含在前面介紹的密爾的觀點中。

功利主義觀點關心的主要是交易和繼承的好處，而非人們獲取財產的過程。個人應該擁有財產是這個觀點的一部份，但財產是如何得到的並不同等重要。換句話說，在功利主義者眼中，轉移正義問題優先於初得正義問題。很多功利主義者強調資本主義自由市場制度作為一種轉移機制的重要性。

資本主義自由市場制度的「完美形式」包括一系列主要特徵：第一，在一個產權有安全保障的制度中，土地、原料等物品(包括勞動力)為個人或企業所有；第二，生產的目的是追求利潤，而不是為滿足生產者或其他窮人的消費需求；第三，所有產品在由供求法則

調節的市場上通過自願交換進行分配；最後，市場上存在自由競爭，任何人都可以生產出售任何產品。

這是完美形式，現實中沒有一個國家能把所有這些特徵完美地結合起來。通常，這些特徵都在某個方面被修正過了。例如，在許多國家存在國有和國營企業。其次，大多數國家有重要的「志願」部門，部份出於慈善目的提供產品和服務。第三，有些產品不能在市場上公開交易(針，海洛因)。第四，存在各種國家壟斷部門(如郵局)，禁止後來者進入特定的產業。但是很明顯，現在大多數國家或多或少與這個完美形式很接近。它們這樣做對嗎？

有什麼東西可以替代資本主義市場制度模型？正如我們剛剛看到的，可以通過限制人們的交易形式來修正這個模型。最極端的一種修正方案是計劃經濟。它的主要特徵和自由市場制度截然相反。在計劃經濟體制中，國家以人民整體的名義控制所有財產。第二，生產的目的不是追求利潤，而是為了滿足公民的需要。第三，分配通過中央調撥進行，而不是通過貿易。最後，國家對誰可以生產，生產多少，有着最高的決定權。這樣，興辦企業要和為各行業分配資源的中央計劃保持一致。

自由市場制度看起來比計劃經濟少一些專制色彩，但也比計劃經濟缺乏理性，至少表面上如此。自由市場經濟讓個人決定一切。那他們怎麼協調呢？怎麼保證所有產品有充足的供應？怎麼避免某些產業生產過剩？中央計劃似乎能保證所有產品有充足的供應，以滿足所有人的需要。馬克思的合作者恩格斯(1820-1895)寫道：

> 既然知道每個人平均需要多少物品，那就容易算出一定數量的人需要多少物品；既然那時生產已不掌握在個別私人企業主的手裏，而是掌握在公社及其管理機構的手裏，那也就不難按照需求來調節生

產了。(《愛北斐特講演》10 頁)[53]

但是許多評論家指出，這樣的觀點導致了二十世紀最大的錯誤之一。雖然計劃經濟有理性魅力，但所有實行計劃經濟的嘗試都失敗了。若不是有大量的黑市補充，這些嘗試早就失敗了。市場經濟儘管具有「無政府的」、缺少協調的性質，但其效率比計劃經濟高得多，公民的生活水平也高得多。但這是為什麼呢？

奧地利經濟學家、社會理論家哈耶克(F.A. von Hayek, 1899-1992)提出了最好的解釋。為了理解他的觀點，我們必須先大致了解自由市場是怎樣運作的。假設一種產品，比如說大蒜，50便士一頭。這時，一個有名望的科學家發表了一份報告，說一天吃一頭大蒜能預防癌症和心臟病。結果大蒜需求激增。因為大蒜很快就能賣光，因而價格節節上升。種大蒜成了賺錢的行業。

高額利潤吸引新的種植者進入大蒜市場，供應開始增加，價格開始回落，直至再次達到平衡。最終，供求在一個價格上得到平衡，大蒜生產的利潤率與其他行業持平。

這個經濟生活中老掉牙的例子反映了市場的巨大力量。首先，價格體系是一種發出信息和傳遞信息的途徑。產品價格上升，反映出這種產品供不應求；價格下跌，就是供過於求了。其次，追求利潤的動機驅使人們對這些信息做出反應。如果一個行業的產品因為需求增加而價格上升，通常這表明可以獲得超額利潤，因此新的生產者湧入這個行業。如果需求減少，價格下降，通常利潤也下降，有

---

53 恩格斯：《愛北斐特講演》(*Speeches in Elberfeld*)，引文頁碼根據 *On Communist Society*, Moscow: Progress Press,1974 年。中文譯文轉引自《馬克思恩格斯全集》第二卷，人民出版社1957年， 605 頁。

的企業就會撤出這個行業。在這兩種情況下，最終都會得到平衡，這個行業的利潤率最終和所有經濟部門的平均利潤率大體相同。

發出信息，並驅使人們通過改變生產方式對其做出反應，這是市場的兩個主要特徵。我們也不應忘記競爭使物價下降，使質量提高的重要作用。這些因素結合起來，導致了這樣的結果：概括說，就是人們可以在市場上用錢從別人那況買到他們想要的東西。消費者的地位幾乎總是在改善。但這並不是因為別人甘於奉獻。正如亞當·斯密所説：

> 我們能享受美味，不是因為屠户、酒商或麵包師心地善良，而是因為他們關心自己的利益。我們應該注意他們的利己，而非仁愛，我們決不能提自己的需求，而要談他們的收益。(《國富論》，119頁)[54]

很多理論家同意市場經濟能以計劃經濟難以匹敵的方式向個人分配產品。如果我想要某種產品，而且有錢，就可以去買。我可以説喜歡買什麼樣的，其他人就會試圖通過滿足我的偏好來獲取最大利潤。在計劃經濟中有兩個問題。計劃者怎麼知道我想要什麼？人們喜歡吃冰激凌，需要襪子，這可能是常識，但計劃者怎能知道我喜歡香草冰激凌，不喜歡巧克力的，喜歡單色襪子，不喜歡帶圖案的？而且，計劃者何必要費力保證我得到想要的東西？加厚連褲襪之類產品的長期短缺，劣質伏特加之類產品的生產過剩，現有產品質量的低下，品種的單一，困擾着現實中的計劃經濟。為了使經濟像市場經濟那樣高效運轉，計劃者需要無所不知，無所不能，具備超凡的德操。

---

54 亞當·斯密：《國富論》，引文頁碼根據 *The Wealth of Nations*, Harmondsworth: Penguin, 1970 年版。

市場經濟比計劃經濟更能增進人類的福祉,這本質上是個功利主義觀點。也有人從自由出發進行論證,認為計劃經濟限制了個人自由。阿列克·諾維(Alec Nove)在其1983年第一次出版,已被譯為十幾種文字的重要著作《可行的社會主義經濟學》中引用了瓦西里·格羅斯曼一部小說中的一段:

> 我從小就想開一爿商店,任何人都可以來買東西。同時開一個快餐店,如果顧客樂意,可以吃點烤肉或是喝一杯。東西我會賣得很便宜,讓他們吃到真正的農家飯。烤土豆,肥燻肉加大蒜!泡菜!第一道菜我要給他們上骨髓(bone-marrow),一升伏特加,一道牛脛肉,當然還有黑麵包,還有鹽。店況的椅子用皮包起來,以免虱子叮人。顧客可以坐下休息,享用美味。如果我大聲說這些,會馬上被送到西伯利亞。但是,這樣說害人嗎?(《可行的社會主義經濟學》,110頁)[55]

羅伯特·諾齊克從根本上更簡潔地表達了同樣的觀點:「社會主義社會不得不禁止成年人之間兩廂情願的資本主義行為。」(《無政府主義,國家和烏托邦》,163頁)

我們最好把市場經濟的自由主義觀點放到後面討論,因為它批判的矛頭直指我們馬上就要討論的羅爾斯的理論。首先,我們應該整理一下思路。主要的討論結果顯示,到目前為止,市場經濟與全面的計劃經濟相比具有巨大的功利主義優勢。但僅憑這一對比當然不能斷言市場經濟是最好最可行的制度。從功利角度分析,很容易找出可以改進的地方。有「衍生物」(externalities)的產品「市場失靈」的現象就是明證。

---

55 阿列克·諾維(Alec Nove):《可行的社會主義經濟學》,引文頁碼根據 *The Economics of Feasible Socialism*, London: George Allen & Unwin, 1983年。

　　衍生物有兩種：積極衍生物和消極衍生物。消極衍生物是指你可以無償得到，但不願得到的東西，如污染的空氣或噪音。積極衍生物也是可以無償得到的，卻是你願意擁有的東西，如你鄰居門前草地的怡人風景。有一種附帶積極衍生物的產品很重要，叫「公共產品」。公共產品是所有人受益，不論受益者是否曾為提供公共產品出過力。比如街燈，受益者不局限於那些出錢購置街燈的人。在這種意義上，街燈就是公共產品。

　　市場經濟容易提供過多的附帶消極衍生物的產品，而提供的附帶積極衍生物的產品太少。原因很容易找到。製造衍生物實際上常常是轉嫁成本的一種方式。如果我用一種噪音大的生產工藝比用一種噪音小的省錢，別人就無意中鼓勵了我用噪音大的工藝，因為他們付出了被噪音干擾的代價。另一方面，公共產品容易產生免費搭車問題。如果不論出力與否都會受益，為什麼要出錢購置街燈呢？但如果人人都這樣想(市場經濟也鼓勵這種思維方式)，就不會有街燈了。人們通常認為，解決這些問題的方式是讓國家向公民徵稅，用稅款購置公共產品。同樣，國家可以將製造污染定為違法行為，讓污染製造者付出代價。最近，其他措施也已被考慮，有些已付諸實施：受消極衍生物之苦的人有權獲得賠償，提供積極衍生物的生產者有權向受益者收費。

　　這樣，從功利主義的角度看，有必要對市場加以修正，不論是通過國家干預還是通過在法律中規定新的權利。但是只修正就行了嗎？市場經濟就沒有更深層的問題嗎？對市場強大的反對聲音發自馬克思主義和社會主義的傳統思想：市場是浪費的；它能異化工人；它具有剝削性，導致不公正和不平等。讓我們依次討論這些問題。

反對市場的觀點

在前面引用的《愛北斐特講演》中，恩格斯批評自由市場極其浪費，這實質上是從功利主義角度反對自由市場制度。恩格斯指出市場制度主要有兩個罪狀：一是自由市場必然導致一個又一個危機。經濟危機爆發時，工人被解雇，企業倒閉，產品被銷毀或賠本銷售。恩格斯是最早指出資本主義經濟具有周期性的理論家之一，經濟學家和政治家不論怎樣努力，都沒能使資本主義走出這個破壞性循環。第二個罪狀是資本主義社會中非生產性人羣數目龐大。共產主義計劃經濟可以讓這些人參加生產，提高效率，減少工作日。這些人包括失業者，還包括警察、軍人、神職人員、佣人和最為人不齒的「插足於生產者和消費者之間的投機倒把的多餘的中間人」(《愛北斐特講演》，11頁)。有趣的是，市場的擁護者視中間人為產業英雄，認為他們對經濟的高效運轉至關重要，因為他們把產品從過剩的地方運到短缺的地方。對馬克思和恩格斯來說，中間人則是吸血的寄生蟲。

假設恩格斯說得對，他反對市場制度的理論有多大說服力呢？什麼制度更好？我們不再能像他那樣對計劃經濟不證自明的合理性充滿信心。像上文所說的經過修正的市場儘管有瑕疵，但比任何已有的方案都有效。

但市場從另一種意義上說是浪費的——浪費勞動者的潛力。這是對市場的第二種批評：導致異化。這種觀點主要認為，在資本主義市場經濟中，工作本質上是退化墮落的，不適於人類。追求利潤的動機驅使資本家採用最有效的生產方式，這通常意味着要實行一種高度發達的勞動分工形式，每個工人承擔一項高度專業化的單調重復的任務。所以資本主義勞動本質上具有異化作用，勞動者從屬

於機器，「從一個人變成一個抽象的活體和胃」(卡爾·馬克思《早期著作》285頁)[56]，勞動者的智慧和創造力受到壓抑。有人說，在資本主義社會中，對許多勞動者來說，一天中最有技術性的活動就是開車上下班。

然而，市場制度的批評者應該回答這樣一個問題：異化是資本主義生產方式特有的後果，還是更籠統地說，現代技術的後果？我們能設想有這樣一種生產形式，它能生產足夠多的產品以滿足我們的需要，而不依賴一種異化人的生產關係嗎？即使有這樣的生產形式，它也尚未被人發現。

第三種批評是，在市場制度中，資本家剝削工人。對馬克思來說，剝削的本質就是攫取剩餘勞動。工人按日取得報酬，但他們在工作中為資本家創造了與資本家投入勞動不成比例的利潤。實際上，股東也取得一部份利潤，但根本不勞動。這種批評的基礎是這樣一種思想：在市場上不需投入相應勞動而獲得報酬的人是剝削者，收入低於其所創造價值的人是被剝削者。

自由市場制度的捍衛者自然會說，實際上資本家得到的回報是公平的，因為他們要使用自己的財產，或是為其資本承擔風險。畢竟，光有勞動力，還無法生產任何東西。必須有人提供原料、機器、工廠等等。這樣，關於剝削的爭論就變成資本家是否有權因使用財產而取得報酬的問題。但是他們在道義上有權擁有這些財產嗎？因此，不先解決更根本的私有產權的合法性問題，我們似乎無法探討自由市場制度是否導致剝削。

---

56 卡爾·馬克思：《早期著作》，引文頁碼根據 *Early Writings*, ed. Lucio Colletti, Harmondsworth: Penguin, 1975 年。

最後，馬克思主義者、社會主義者和許多自由主義者對市場批評最多的是，市場注定會導致巨大的不平等。這樣的不平等不符合正義，如果不加節制，自由市場會導致悲慘的貧困。想想恩格斯1844年對倫敦市中心聖蓋爾斯區的描寫吧：

> 但是這一切同大雜院和小胡同裏面的住房比起來還大為遜色。這些大雜院和小胡同只要穿過一些房子之間的過道就能找到。這些地方的骯髒和破舊是難以形容的：這裏幾乎看不到一扇玻璃完整的房子，牆快塌了，門框和窗框都損壞了，勉勉強強地支撐着，門是用舊木板釘成的，或者乾脆就沒有，而在這個小偷很多的區域裏，門實際上是不必要的，因為沒有什麼可以給小偷去偷。到處是一堆堆的垃圾和煤灰，從門口倒出來的污水就積存在臭水窪裏。住在這裏的是窮人中最窮的人，是工資最低的人，攙雜着小偷、騙子和娼妓制度的犧牲者……甚至那些還沒有被卷入他們周圍的那個道德墮落的漩渦裏面的人，也一天天地墮落，一天天地喪失了力量去抵抗貧窮、骯髒和惡劣的環境所給予他們的足以使德行敗壞的影響。(《英國工人階級狀況》60-61頁)[57]

所有發達國家都已承認，社會有義務使人們免於這樣的命運。它們還制訂了各種福利政策，效果有的明顯，有的不明顯。現在，西方社會的失業津貼、殘疾津貼、收入補助和其他補助金保證大多數人的收入都能達到一定的水平，使大多數人的生活水平達到貧困線以上。

市場造成的不平等經過福利國家修正，就可以接受嗎？前面討論的按收入排序的游行隊伍描述了這樣一個社會。那個社會符合正義原則嗎？可以辯解說，這個社會的合理性可以用功利主義來解

---

57 恩格斯：《英國工人階級狀況》，引文頁碼根據 *Marx and Engles on Britain,* Moscow, Marx-Engels-Lenin-Stalin Institute,1953年。中文譯文轉引自《馬克思恩格斯全集》第二卷，人民出版社1957年，307-8頁。

釋。這樣說可能讓人吃驚。人們經常以為功利主義會主張大體平等的資源分配，而不贊同像按收入排序的游行隊伍那樣不平等的分配體制。功利主義平等觀的核心前提是：人們從產品中獲得的是「遞減的邊際收益」(diminishing marginal returns)。吃第一塊巧克力餅乾得到的效用或快感要比吃第二塊大得多。所以如果有兩個人分兩塊餅乾，功利主義就會建議一人一塊。同樣，一定數量的錢對窮人的效用比對富人的效用大得多。為了使效用最大化，我們必須將其平均分配。因此從富人到窮人的再分配能使效用最大化。

以上論證的弱點是它似乎假定產品怎樣分配不影響用於分配的產品數量。但人們常常認為平均主義的分配會壓抑積極性和創業精神：為什麼要努力工作或者試制新產品，如果這樣做對你的收入影響甚微？另一方面，允許至少一點不平等存在，會刺激人們更努力地工作創新。這樣，一個不平等社會似乎能比一個平等社會創造更多的財富，因而從功利主義角度看，即使我們承認多數產品具有「遞減的邊際收益」，也可能前者做得更好。於是，維護自由市場制度的功利主義者就說，市場為增進人類幸福所做的貢獻比計劃經濟或平等大得多。但政府可以通過提供「公共產品(public goods)」，立法減少「公共副產品(public bads)」(有消極衍生物的產品)的製造來完善市場制度。政府還應制訂某種福利政策，以消除貧困。從改良主義角度看，這樣的制度可能是最好的制度。這就足以顯示這種經濟制度公正嗎？很多人沒被說服。羅爾斯的正義理論是試圖更好地解決這個問題的理論中最新，也是最有影響的一種。

羅爾斯的正義理論

> 某些正義原則之所以正當，是因為它們可能會在一種平等的原始狀
> 態中得到一致同意。 （羅爾斯：《正義論》21頁）

假想契約

　　什麼是正義的社會？我們怎樣知道？讓我們首先舉一個相當簡
單的例子。這個例子似乎涉及正義問題。假設你我兩個人打撲克。
我發牌，你拿起牌來看。發完牌，沒等我拿起我自己的牌，發現有
張方塊A正面朝上躺在地上。看到這張牌，我建議這一把牌作廢，
由我來重新發牌。但你不同意，堅持打這一把牌。因此，我們發生
了分歧。怎麼辦？

　　當然，最終我們中有一個人會屈服於強者的壓力，甚至屈服於
對方強壯的體格。但在訴諸武力之前，我們應該知道，只要我們願
意，就可以選擇好幾種方法，以公平或正義的方式解決這個問題。
比如，一種方法可以是，我們預先訂立一個協議，中間涉及了這種
情況。打牌之前，我們可能已制訂了一份冗長的文件，規定遇到這
種情況和許多類似情況該怎麼辦。大概用這樣一份協議就可以決定
性地解決爭議。更現實一點的話，我們可以事先口頭約定，根據一
套約定俗成的比賽規則來打牌。這樣，用規則也可以解決問題。

　　可是，我們很可能沒有實際的協議可以援引。那該怎麼辦？另
一種辦法是求助於一個「公正的旁觀者」。可能有一個我們都尊重
的觀眾，或者，如果我們在俱樂部裏打牌，可能有一個裁判。或
者，如果我們是兒童(比如說是兄妹)，可以讓母親裁決。用這種辦
法，我們應該還是能得到明確的裁決。

　　但是如果周圍沒有這樣的人呢？第三種方案是假想一個人在場

——一個想像中的觀眾。「如果你父親在這兒會怎麼說？」必須承認，這不能保證解決問題，因為我們可能會為他會說什麼而發生同樣的爭議。但也不是沒有人設想一個公正的人對這種情況持什麼看法，從而認識到自己錯了。因此在某些情況下，這種方案能奏效。

最後，我們可以訴諸假想契約，憑藉想像考慮，如果打牌之前我們中有人提出這個問題，我們會達成什麼協議。也許我能說服你，如果我們事先討論過這個問題，在出現這種情況時，我們可能已同意將這把牌作廢。你之所以不同意，只是因為你被實際上摸到的牌衝昏了頭。可能這是你整晚上摸到的第一把好牌，這就使你無法看清這種情況下的公正所在。要從頭腦中濾掉特殊利益造成的偏見，可以想像一下你摸到這把牌之前會怎麼做。羅爾斯正是試圖採用這種思想論證他的正義原則。

很明顯，如果我們要用假想契約的方法解決正義問題，必須假定假想契約只有在某種特殊條件下才能訂立。再想想撲克牌遊戲：如果假設訂立假想契約的雙方(你和我)與現實中的你我完全一樣，那我們就無法使用這種方法，因為在現實生活中，如果我們發生爭議——我想重新發牌，而你不想——就希望找到解決爭議的辦法。而如果要達成一個假想的契約，就必須把現實抽象化。在撲克牌遊戲中，這就相當容易了。我們想像一下，在發牌之前我們會達成什麼協議。我們假定，有些情形是未知的：我們誰也不知道會摸到什麼牌。如果我們能成功地這樣設想，就不會被特殊利益迷惑，被摸到的牌是好還是壞所迷惑。如果我們不對現實進行抽象，達成假想協議的機會就很小。

然後羅爾斯就用假想契約的觀點來論證其正義原則的合理性。我們可以把他的論證過程相應地分為三部份。第一步是確定達成假

想契約的條件；第二步是論證他的正義原則是在這些條件下確立的；第三步是說，這樣選定的正義原則是正確的，至少對現代民主體制來說是正確的。讓我們考慮一下這三步中的第一步，契約訂立的條件，即羅爾斯所說的「原始狀態」。我們要讓締約者知道什麼，不知道什麼，他們才能達成一個關於社會正義的協議？

我們無法想像讓現代社會中所有人都參加的假想契約。實際上不存在所有人都會同意的條件(即使有些條款人人同意，也不會成為完整的正義構想)。比如，有的富人會強烈反對徵稅，而有的窮人會要求對富人徵收比目前更多的稅，以提高福利性補貼，於是出現了爭議。正義理論的意義就在於試圖解決此類爭議。

羅爾斯認為，人們的正義觀常常部份受到其自身特殊利益的歪曲，因為他們已知道自己在社會中摸到的是什麼牌(智力、體力等等)，所以往往不能站在一個主持正義所必須的公正立場上。羅爾斯的主要思想是，正義要求無私，而無私可以通過無知來實現。這樣假定為用假想契約論證提供了可能。為了說得更明白，請看下面例子(順便說明，這不是羅爾斯舉的例子)。

假設在不遠的將來，足球裁判日漸短缺(他們被足球運動員罵得大失所望，都改行練射箭了)。許多比賽都找不到中立的裁判。假設曼聯隊(United)和曼城隊(City)之間的比賽就是這樣，而且唯一合格的裁判是曼聯隊的經理。自然，城市隊反對讓他來做裁判，但是足球聯合會知道這種難題會常常出現，因此早已發明了一種藥。你服了這種藥，表現完全正常，只是一個方面例外，就是有高度選擇性的失去記憶。你記不住你管理的是哪支球隊(也聽不見任何想喚醒你記憶的人說的話)。曼聯隊的經理服了這種藥，該怎麼裁判這場比賽呢？

答案是他最好不偏不倚地裁判比賽。他知道自己管理其中一支球隊，但不知道是哪一支。因此，如果他袒護隨意挑的一支球隊，就可能害了自己的球隊。假設他不想冒險毀掉自己隊的前程，他只能盡可能表現得公平，依據比賽規則執法。無私源於無知。

記住這一點，我們就可以考慮羅爾斯的原始狀態了。原始狀態中的人(假想契約的訂立者)被置於「無知之幕」後面，「無知之幕」使他們不知道自己的特殊環境。因為有這種無知，他們不知偏袒自己，顯然只能公正行事。

羅爾斯說，原始狀態中的人不知道他們在社會中所處的位置或階層。他們不知道自己的社會地位、性別和種族，重要的是，他們也不知道自己擁有「天然資產」——才能和體力。在所有這些方面，他們不知道自己摸到的是什麼牌。

這就能夠使他們達成協議嗎？如果唯一使人們在正義問題上發生分歧的是個人利益，那他們會達成協議。但羅爾斯認為這種想法把問題看得太簡單了，讓人難以接受。人們發生分歧還因為他們有不同的價值觀。他們「對善的理解」不一樣，也就是說，對什麼使生活更有價值看法不一。人們的道德觀、宗教觀、哲學觀不一樣，目標和抱負也不同。關於好社會應該是什麼樣，更是見仁見智。羅爾斯把所有這些條件也都排除了。他說，原始狀態中的人不知道自己對善的看法，也不知道自己的「特殊心理傾向」。

到目前為止，這些假設顯示了羅爾斯方法的力量，因為它們足以解釋為什麼原始狀態中的人會同意羅爾斯所謂的自由原則，即人人都應享有一系列平等廣泛的基本自由權。用別的原則來約束自由，結果將是歧視某個團體，或限制所有人的自由。如果人們不知道自己歸屬哪個團體或哪些團體，誰會同意這麼做？如果連自己屬

於哪個種族都不知道，誰又願意去歧視某一種族呢？何必要限制所有人的自由呢？顯然，自由原則看起來是一個理性選擇。

另一方面，有人反對説，如果少享有或不平等地享有自由能使所有人生活更富裕，人們可能會選擇這樣生活。羅爾斯不同意這種觀點，他的理由我們稍後再説。有反對者更敏鋭地指出，上面所描述的這種人絕對沒有能力作出任何選擇或決定，因為他們不知道自己的情況，不知道自己喜歡什麼樣的東西，那他們怎麼能決定社會應該是什麼樣子呢？不理解善，他們何以知道自己珍視自由？

羅爾斯的答案是事先假設有一種動機(motivation)。他假定原始狀態的各方都相信「善的不全面理論」(thin theory of the good)。這個理論第一個也是最重要的部份是，原始狀態中的行為者知道自己想得到羅爾斯所謂的「基本善」(primary goods)。「基本善」是指自由、機會、財富、收入和相當神秘的「自尊的社會基礎」(social bases of self-respect)。羅爾斯認為，這些事物的共同點是它們都是人們出於理性想要的東西，不論他們還想要其他什麼東西。也就是説，不論你認為善是不攙假的快樂、宗教的美德、打獵、射擊、釣魚、提高修養，還是其他什麼，羅爾斯的「基本善」是必需的。羅爾斯假設你總是想要自由、機會和金錢作為實現個人目標的萬能手段。因此，原始狀態中的行為者知道自己想要基本善。

羅爾斯補充説，他們希望得到盡可能多的基本善，又説，他們會用最有效的方法實現自己的目的，因而是理性的。而且，他們不懂得嫉妒，因而不會抱怨別人有錢。最後，他們「互不關心」，對別人的處境是好是壞漠然視之。

重要的是要清楚羅爾斯不是説這就是現實中人的樣子。人們往往會妒忌別人，或不理智，當然關心別人過得怎麼樣。應該説，他

是在創造原始狀態中虛構的人的一個模型。在撲克牌遊戲中，為了讓遊戲者達成一個公平的假想協議，即使遊戲者已經摸牌了，我們也假設沒摸。同樣，在原始狀態的情況下，我們更極端地假設人們知道或不知道什麼事，以保證締約各方公正行事。結果，我們會發現，原始狀態中的人與現實中的人截然不同。但這並不是批判這種理論。原始狀態中無知之幕後面的各種條件不是用來描述人的本質的，而是幫助我們正確認識正義原則的方法論工具。

在結束對原始狀態圖景的描繪之前，還要再補充幾點。羅爾斯假設人們不了解自己社會的某些情況。他們不知道社會的經濟政治狀況，文明開化的程度，或者他們所處的年代，但他們知道人(真正的人，社會的人)有正義感，能夠理解善。

他們也知道，自己的社會處於休謨所說的「正義環境」中。休謨指出，在某些條件下，正義似乎不適用。如果我們處於一種產品極端匱乏的條件下，以至我們無法保證每個人的生存，那我們批評什麼人行為不正義就似乎太荒唐了。如果為了生存，你必須從別人那裏掠奪，似乎就完全沒有必要考慮正義問題了。另一個極端，如果我們的物質供應極其豐富，要什麼有什麼，那就不會有關於正義的衝突了。如果你有我想要的東西，而我可以不費力地得到同樣的東西，為什麼我要和你爭奪呢？因此，正義環境處於「匱乏和豐富之間」，羅爾斯假定締約各方知道他們是在決定用什麼原則制約處於這種條件下的社會。

正義原則的選擇

原始狀態建立以後，正義該採取什麼原則呢？羅爾斯說，任何人任何時候都可以想像自己進入了原始狀態。這樣的話，我們就能

明白，實際上我們是否會選擇他的正義原則。羅爾斯說我們會選擇的原則是：

1. 每個人都應有平等的權利去享有與人人享有的類似自由權體系相一致的，最廣泛的，平等的基本自由權。

2. 對社會和經濟不平等的安排應能使它們

(1) 符合地位最不利者的最大利益；

(2) 在公平的、機會均等的條件下，使之與向所有人開放的公職和職務聯繫起來。（《正義論》302 頁）

第一條原則是自由原則，第二條的(1)是差別原則，(2)是公平機會原則。羅爾斯說，自由原則在「詞彙序列」上優先於其他兩條原則，公平機會原則在「詞彙序列」上優先於差別原則。對羅爾斯來說，這指的是，一旦生活達到一定水平，自由問題就應絕對優先於經濟發展或機會均等問題。於是，就不能為奴隸制辯護說，奴隸制時代的奴隸比他們自由的時候生活更富裕。事實是，奴隸制度不承認平等的自由權。因此，奴隸制度即使經濟上有利於奴隸，也必須廢除。公平機會原則優先於差別原則也是這樣。

這一章我們關心的主要問題是差別原則。注意，差別原則廣義上是一個平均主義原則，因為羅爾斯的總體假設有利於產品在所有人中平均分配。可是，他發現我們前面討論過的一種觀點往往是對平均主義的有力批評，即平均主義壓制了積極性，也就是說，如果有些人能得到額外報酬，他們會更努力地工作，這些能人的辛勤勞動能使所有人受益：或者直接創造新的就業機會和消費熱點，或者間接地增加稅收。如果不平等使所有人受益，那有什麼能夠反對它呢？它到底對誰構成危害呢？從這個角度看，人們有時指責平均主義既缺乏效率，又缺乏理性。

羅爾斯接受這一有條件的論述：如果一種不平等能使所有人生活更富裕，特別是為了使最貧困的人比在沒有這種不平等的時候更富裕，那就可以允許其存在。差別原則即來自這一論述，但積極性是否這樣必不可少，就不是哲學家考慮的問題，而是心理學家和經濟學家考慮的問題了。

上一節我說過，功利主義政治哲學很可能贊同建立福利國家式的市場經濟。這種制度製造出的不平等將比差別原則能允許的大得多。但是羅爾斯怎樣才能證明，出於正義考慮應該選擇差別原則？他採用了假想契約的工具。原始狀態中的人將選擇他的正義原則，而非功利主義，但是他們為什麼這樣做？為什麼不選擇功利主義原則呢？

將原始狀態設想為下面的一幕，或許會有助於我們的討論：假設你躺在醫院的病床上，剛剛醒來。首先，你意識到自己完全喪失了記憶。你發現自己從頭到腳裹着紗布，不記得自己的名字、性別或種族，也不能通過觀察來恢復記憶(你纏着紗布的手腕上的標籤上只有一個號碼)。關於你的家庭、職業、階級、體力和技能等等，你已全然忘記。你能回憶起以前在經濟學或社會學課上學的一些一般性理論，但歷史課上學的全都忘了。實際上，你甚至不知道現在是哪個世紀。這時，一個穿白大褂的人走進病房，說：「早上好，我是約翰·羅爾斯教授。明天，你的記憶就能恢復，紗布就可以拆掉，你就可以出院了。所以時間不多了。我們希望你做的是告訴我們你希望把社會設計成什麼樣。記住，從明天起，你將生活在你選擇的那個社會中。我們要求你完全按自己的利益設計社會。雖然你不知道你真正的利益，我可以告訴你，你想要盡可能多的基本善——自由、機會、財富和收入，而且你不應考慮別人。我會晚些再來，看

你是如何決定的。」在這種情況下,什麼是理性的選擇?

注意,我們的話題已經從開始的「協議」問題變成了原則的「選擇」問題。實際上二者沒有差別。我們假定原始狀態中的人完全一樣,他們都會以同樣的方式思考,所以我們最好集中考察一個人的選擇。這沒有壞處,還能使論證更容易些。

那麼,你會選擇自由原則嗎?我們已經知道你為什麼會作出這種選擇。因為你不知道自己屬於哪個集團或哪些集團,所以歧視某些社會成員就是不理智的。你知道,那樣做就等於歧視你自己。這是選擇自由的平等權的一個理由。但為什麼選擇最廣泛的平等自由權?這似乎是因為羅爾斯假定人們不僅想要基本善,還想盡可能多要。從無知之幕後面看,從你的病床上看,自由原則顯然是最佳選擇。(無疑,我們可以用同樣的道理來證明公平機會原則。)

但是要記住,羅爾斯認為人們不僅會接受自由原則,還會認為它在「詞匯序列」上優先於其他原則。根據這個觀點,我們不能為其他任何東西犧牲自由,但有人會反駁說,將自由置於這麼絕對的優先地位不能說是明智的。有時候為了安全,應該犧牲自由,比如戰時的燈火管制和宵禁,或者在經濟極其困難,物資十分短缺的時候,我們可能同意限制政治和公民自由,如果這是我們能填飽肚子的唯一辦法。那時,我們怎麼能同意自由至上?

羅爾斯故意忽略了戰爭之類的緊急情況。他想在考慮這些不太常見的問題之前,先考慮一些更為關鍵的正義問題。他還假定,我們在為一個處於「正義環境」中的社會選擇正義原則。也就是說,我們已知道社會資源不會奇缺,不必擔心這樣的棘手情況出現。羅爾斯認為如果財富適度,人們應該總是選擇自由,而不是物質進步。這似乎很有道理,儘管有可質疑的地方。

現在，讓我們來看看差別原則是怎麼推導出來的。差別原則當然是説除非不平等對每個人都有利，否則社會財富和收入應平等分配。不平等尤其應該對最貧困的人有利。為什麼要選擇這樣一個原則？

實際上，我們現在遇到的是在不確定情況下如何進行理性選擇的一個例證。要想知道選擇何種正義原則最為明智，我們首先要知道在這種情況下適於運用何種「理性選擇」的原則。用這種方式看問題意味着我們可以借助「理性選擇」理論來解決問題。

為弄明白我們試圖解決的問題屬於哪一類，我們先來看一個很簡單的例子。假設你正在一個飯館裏吃飯，要點第一道菜。菜單上的價格是固定的，你不必擔心菜的相對成本。你暫且也不必考慮飲食或宗教上的禁忌。這個選擇應該很簡單，因為菜單上只有兩樣菜：牡蠣和甜瓜。甜瓜是個保險的選擇，因為這個飯館很好，只供應高質量的熟甜瓜，你一定會覺得很好吃。牡蠣就像是賭博了。通常吃牡蠣能大快朵頤——比甜瓜好吃得多——但吃到一只壞牡蠣能讓你一個星期不痛快。根據以往的經驗，可以假設每十盤牡蠣中有一盤會吃出壞牡蠣。根據這些事實，你應該怎樣選擇？

把這些事實用表格形式列出會更明白易懂。數字代表你從各種選擇中得到的收益的相對量——「快感」和「不快感」。

甜瓜　　5(不論好壞)

牡蠣　　20(如果是好的—90%的概率)　　−100(如果壞了—10%的概率)

有一種理性選擇理論認為，我們應「使預期收益最大化」，或「使平均值最大化」。就是説，先求出每種選擇收益的「平均」值，然後挑平均值最大的選擇，這個平均值就是預期收益。計算甜瓜的平均收益當然是小事一椿，不論怎樣，你都會得到5。計算牡蠣的預

期收益稍微麻煩些，要把每種可能獲得的收益與其概率分別相乘，把得到的數字加起來，求出平均值。首先，20(吃到好牡蠣的收益)×0.9(吃到好牡蠣的概率)=18。然後，－100(吃到壞牡蠣的收益)×0.1(吃到壞牡蠣的概率)＝－10。把這兩個數字加起來(18加－10)等於8。這就是吃牡蠣的預期收益。

另一種方式是假設你玩一個長期的系列「遊戲」，在這個飯館裏吃了一百次，每次都點牡蠣。如果符合概率，你就會有90次美好的體驗，10次痛苦的體驗。每一次美好體驗值20，總計就是1800。每次痛苦體驗值－100，總計就是－1000。結果，一百盤牡蠣會產生800的收益，平均收益(預期收益)就是8。稱之為「預期收益」不等於你實際上會得到這麼多的收益，認識到這一點很重要。實際上你決不會得到8，你能夠得到的或者是20，或者是－100。預期收益是個平均值。

如果你想使預期收益最大化，就會選擇牡蠣。這樣做最理智嗎？毫無疑問，有的人會強烈反對。雖說牡蠣在某種意義上說值得一試，但風險太大。有人會說，既然可以作出另一種挺不錯的選擇，再冒這樣的風險，實在是太愚蠢了。選擇甜瓜既保險又好吃，至少對某些人來說，這樣的選擇更理智，不會出任何問題。有這種想法的人往往可以說採用的是理性選擇中的「最小收益最大化」原則。這種原則告訴我們，要保證最壞的可能結果盡量好──使最小收益最大化。在現實生活中，這是悲觀主義者的原則。它不讓你急着過馬路(那樣你可能被車撞死)，而應等到綠燈亮了，過馬路安全的時候。即使死的可能性極小，不過馬路造成很大的不便，這一原則的奉行者也會這樣做。看來，他們會選擇甜瓜。

到目前為止，我們已經有兩種理性選擇原則可選：預期收益最

大化和最小收益最大化原則。實際上，理性選擇原則遠遠不止這些。為了説明另一種原則——最大收益最大化原則(maximax)，讓我們把開始那個例子引申一下。假設侍者請你點菜之前，説：「今天的特價菜是魚子。」你打聽詳情，他解釋説，這是道新菜，廚師在做菜的時候，先擺好 50 隻盤子，一隻盤子盛魚子醬，其他 49 隻盛圓鰭魚子，所以得到魚子醬的概率是 2%(50 隻盤子裏有 1 隻)，得到圓鰭魚子的概率是 98%。飯館還保證，如果你撞上大運，得了魚子醬，這道菜將以盛大的儀式呈上，所以不論你是否真能嘗出兩道菜的區別，你自然會知道是否得到了魚子醬。

於是你開始算計：如果得魚子醬，將是個大喜事，所以值50。另一方面，如果得圓鰭魚子(當然是消過毒的)，不會有任何危害，但你從中得不到任何快樂，很可能會剩下大半，所以收益是 0。現在，如果你用最小收益最大化原則作指導，你還是會選甜瓜，結果仍是「最好的最壞」結果——5 比 0 要好。同樣，預期收益最大化原則還是要選牡蠣(可以輕鬆算出魚子的預期收益是1)。但有人會反駁説，在這裏，選魚子是明智之舉。畢竟，如果賭中了，收穫可真是太大了。這樣想的人可能不自覺地用了「最大收益最大化」原則，選擇了有「最佳中的最佳」結果的選擇(不論可能性大小)。使最大收益最大化是喜歡冒險的樂觀主義者的原則。因為選擇魚子的結果最好(即使發生這一結果的可能性極小)，所以應該選它。

最大收益最大化原則其實是開玩笑，不能當真。在這個例子裏，如果賭輸的結果不是得到圓鰭魚子，而是把他們拉到飯館後面槍斃，那選魚子的人就決不會再堅持己見。那些自認為奉行最大收益最大化原則的人奉行的很可能是更複雜的「規避風險的最大收益最大化」原則。但讓我們把這個問題擱置一邊。現在的關鍵問題

是，在飯館這個例子裏，我們找到三個不同的選擇原則，每一個都導致了不同的決定。既然已經找到並解釋了這些原則，我們就能回過頭來看看具有社會意義的情況，即原始狀態中的人或醫院病床上那個不幸的人會作出什麼樣的理性選擇。

為原始狀態中的人選擇一種理性選擇的原則極其重要，但這一點不容易一眼看出。因為我們找到的三種原則中每一種都會導致不同模式的正義社會。選擇使收益最大化的人尋求平均值最大的結果，因此在醫院那張病床上，他們應選擇一種平均的功利主義正義理論：我們應盡可能使社會成員的平均境況得到改善。相反，奉行最大收益最大化原則的人眼睛只盯着最大的收益，所以可能選擇一個高度不平等的社會，其中有一個享受特權，有錢有勢的統治階級。最後，奉行最小收益最大化原則的人只關心最窮的人，想讓他們盡可能富裕起來。換句話說，他們會選擇羅爾斯的差別原則。

現在，我們可以看出，羅爾斯的長篇論證終於有了結論：原始狀態中理性選擇的原則是最小收益最大化。這不等於說羅爾斯相信最小收益最大化原則適用於所有情況。菜單上的甜瓜作為理性的選擇不無爭議，有時似乎冒點風險更為明智。但羅爾斯認為，原始狀態非常特殊的環境決定了最小收益最大化是唯一理性的選擇原則。現在，我們需要探究其理由。

選擇最小收益最大化原則的理由

那麼，在原始狀態中或在醫院的病床上要用什麼樣的理性選擇原則？在試圖回答這個問題之前，先要談談選擇的實質。首先，我們可能要問：為什麼不選擇「人人應住在宮殿裏」這樣的原則？那樣，我一定會衣食無憂。當然，羅爾斯會回答：你知道，社會無法

承受這樣的重擔，幾乎可以說肯定承受不起。社會處於「正義環境」中(處於匱乏和充裕之間)，你就只能選擇一種適合着兩個極端之間所有生產力水平的原則。因此，我們可以説，你的選擇受到天然的制約(physical constraints)。

不用説，還有邏輯上的制約(logical constraints)。無論你選擇何種原則，必須邏輯上説得過去。所以你不能選擇「人人應擁有奴隸」，或是「人人應富於他人」這樣的原則。

羅爾斯認為，更重要的是，選擇還要受形式限制(formal constraints)，這種限制反映了用假想契約模式進行論證的想法。要準確地説人們已經簽訂了一個契約，就要具備一定的形式上的條件。羅爾斯引入了這些條件，作為對選擇的進一步限制。一個是契約條款必須為締約各方所知，至少是能夠被知道。如果對一個或多個締約人故意隱瞞條款，就不會達成契約。這是「公開性」(publicity)原則，足以排除上一章西杰維克鼓吹的「兩級」(two level)或「總督衙門裏的」(government house)功利主義。

「決定性」(finality)限制是又一個形式限制。如果締約方真誠地締結契約，他們就不會僅僅因為後果糟糕而想廢除已訂立的契約。許多契約有關於意外事故的條款，比如一方在未及時交貨的情況下要對另一方作出賠償。如果你訂了這樣一個契約，你必須準備承擔這種「承諾壓力」。所以，如果我本來就不打算在沒有及時交貨的情況下賠償你的損失，那我就沒有誠心誠意地締約。羅爾斯式契約「決定性」限制的關鍵是：你不能在選擇後，一旦後果不利於你就悔約。假設我躺在那張病床上選擇了一個很不平等的社會，而後來卻發現在實際社會中，由於這樣的安排我混得很差，幾乎就是個失敗者。如果我對這一制度不滿，希望改變它，那我就沒有真誠地選

擇，因為我不打算承擔承諾壓力。這一點顯然很重要，因為我們同意，正義社會也應該保持長期穩定。我們很快就會看到羅爾斯運用這個觀點所做的努力。

這樣，我們要找的理性選擇原則既要導致符合自然法則和邏輯法則的決定，又不能違反公開性和決定性的限制。然而，決定用哪種原則，這些限制還不夠，因為似乎既可以用預期收益最大化原則(平均功利主義)進行選擇，也可以用最小收益最大化(差別原則)進行選擇。那麼我們現在怎麼辦？

從另一個角度入手可能有用。在什麼條件下，預期收益最大化是理性的選擇原則？在經濟理論中，預期收益最大化實際上被看作理性本身。這是為什麼？答案是，如果你在長時間內作一系列不連續的決定(所謂不連續是指一個決定的結果不依賴於已經作出的或即將作出的決定的結果)，用預期收益最大化原則幾乎肯定比用其他原則收益更大。比如，假設你工作完一天，得到50英鎊的報酬，但別人告訴你，用這筆錢賭博，有 50% 的機會贏 150 英鎊。這樣，賭博的預期收益就是75英鎊。如果你每天都可以參加賭博，而且確信莊家可靠，那麼老老實實地拿工資就太蠢了。如果你只拿工資，一周工作五天可以拿到250英鎊，而賭博平均帶給你的收益是375英鎊。因此，在這樣長期的一系列選擇中，預期收益最大化當然是理性的策略，因為經濟學理論認為，個人實際上面臨許多這樣的選擇和決定(儘管不如上面舉的例子那麼規律和可以預測)。

對羅爾斯來説，原始狀態中的選擇不是長期系列選擇中的第一個，這一點很重要。這是一次性的、不可重複的選擇！即使事態惡化，你也沒有第二次機會，所以預期收益最大化就不能説是多麼理性的選擇，因為要冒風險(記得牡蠣那道菜吧？)。難道這就是説選擇

是一時意氣使然，不是理性的結果嗎？

不，羅爾斯答道。他認為，用最小收益最大化原則，也就是差別原則，是更理性的決定，因為選擇有其特殊環境。他有一大堆證據，儘管不是都有說服力，但最好的一個是，用其他選擇原則都要冒巨大的風險，因而太愚蠢。你決定賭博，如果賭輸了就慘了，沒有第二次機會回到原始狀態。如果你打算使預期收益最大化，因而選中了功利主義，就總有可能不幸陷於貧困。

大家都知道，我們已經假定自由原則會被選中(人們不應以自己的自由為賭注)，所以你不會淪為奴隸，但你可能很窮，沒有工作，無家可歸。也許存在這樣不幸的人是極為高效的市場經濟不可避免的副作用。如果用最小收益最大化原則可以保證有更好的結果，為什麼要冒這個風險呢？羅爾斯還補充說(也許不太公平)，如果你賭輸了，怎麼向子孫後代解釋？他們的前途也會因你的選擇而大打折扣。

緊接着，羅爾斯寫道，如果你決定賭一把，結果傾家蕩產，你就不會認為這是個正義的社會，很可能會力求改變現狀。但這在某種意義上「撕毀」了你最初的協議。換句話說，如果你賭輸了，就不能承擔「承諾壓力」，那你就沒有真誠地締約，違反了「決定性」限制。

這個論據似乎太拘泥於契約的字面意義，也許將契約看得過重了。真正起作用的論據是：之所以選擇最小收益最大化原則，是因為運用其他理性選擇，在只有一次選擇機會又不能反悔的情況下，冒的風險太大，有失理性。這當然是放棄預期收益最大化原則的絕好理由。

但是，這個理由足以支持最小收益最大化原則嗎？羅爾斯沒有對最小收益最大化原則和預期收益最大化原則進行重點比較，這也

許有失公允。預期收益最大化原則的失敗,並不等於最小收益最大化原則的勝利,說不定其他折衷性的原則能集二者的優點於一身。假設有這樣一種情況:你打開B箱,能得到5個單位,打開A箱,50%的可能得到4個單位,50%的可能得到10個單位。在這種情況下,最小收益最大化原則要求你選擇B箱,因為這一選擇的最小收益最大:5。但只是在一種非常特殊的情況下,B箱才是理性的選擇,不論我們用的單位是英鎊,成千上萬英鎊,還是區區幾便士(也許你需要整整5000英鎊做一個保命的手術)。因此,再想想我們能否採用一種新原則,既能讓人選A箱,不選B箱,又能避開預期收益最大化原則的巨大風險(或者最大收益最大化原則)?

一個答案是選用「有限制的最大化」(constrained maximization)原則,大體上就是說,「使預期收益最大化的同時,排除一切有糟糕後果的選擇」。這種原則允許賭博,但不允許在所有事情上冒險。這種原則似乎能妥善解決規避巨大風險的問題,但不贊成「乏味」的最小收益最大化原則。任何用這種我們稱之為「有保險網的最大化」原則的人很可能願意選擇一個極不平等的社會,只要沒有人太窮,這個社會又能提高其成員的平均收益。換句話說,這個社會應該保證沒人會陷入太絕望的境地,為此應提供最低收入,有必要的話由政府提供。我們甚至可能認為當代西方社會在很大程度上適合這種模式——經過福利國家修正的自由市場經濟。

羅爾斯認為,有限制的最大化不能成立。他相信,在原始狀態中,社會最低收入不可能不以一種武斷的方式確定。因為我們不知道社會的實際情況,就不能作出「每個人每周至少應得到100英鎊」這樣的決定。考慮到社會的實際情況,那筆錢可能不夠一個人的吃穿住行,或者這種決定在經濟上也不可行。我們需要一個更為全面

的原則，一種不論社會是什麼情況都適用的原則。「每個人的收入都不得低於平均收入的一半」怎麼樣？但為什麼是一半？為什麼不是四分之一？為什麼不是四分之三？我們怎麼確定這些決策足以保證一種大家都能接受的生活標準？羅爾斯認為，締約方在試圖確定社會最低收入時，最終會首肯這個建議：「使最窮的人盡可能富裕」。但那正是差別原則，因此，這種有限的預期收益最大化似乎又回到了最小收益最大化。

有人懷疑羅爾斯在以一種非武斷的形式確定社會最低收入時，想像力不夠豐富。為什麼不為克服「承諾壓力」而確定最低收入？羅爾斯還遠遠沒有說明其理由。但是，在無知之幕背後或原始狀態中的人會選擇差別原則這一觀點還是有道理的。我們已經同意，人們也會選擇自由原則和公平機會原則，雖然其優先性是否像羅爾斯所說的那樣還不夠清楚。到目前為止，羅爾斯的計劃似乎已經取得(有保留的)成功。

但爭論並未停止。因為即使當時人們如羅爾斯所說果真選擇了他的原則，那又能證明什麼呢？能證明那些原則合理嗎？畢竟我們現在不是在原始狀態中，我們何必關心身處其中的人們？換句話說，羅爾斯的方法理由何在？這是我們的下一個主題。

羅爾斯和他的批評者

> 假想契約不是實際契約的翻版，它根本就不是契約。(德沃金 Dworkin：《原始狀態》，18頁)

假想契約方法

那麼，為什麼要認真對待羅爾斯的論證呢？這裏有個站不住腳

的理由。羅爾斯是用假想契約進行論證的。無論什麼東西,只要被證明是假想契約的結果,就是正當的。因此,羅爾斯方法的結果就是正當的。

這樣論證的缺點是「凡被證明是假想契約的結果就是正當的」這一說法。這是極其荒謬的。假設為了換這本書,你要把你所有的財產給我。這個假設正如我們虛構的任何契約,是個假想契約,但它的結果很難說是正當的,而且在任何情況下,顯然和其他許多假想契約的結果相矛盾(比如「除非我也把我所有的財產給你,你才會接受這本書」這樣一個契約)。顯然,我們必須說明,為什麼與這種玩笑式的假想契約相比,羅爾斯的假想契約論應當受到更認真的對待。

羅爾斯聲稱,因為締約狀態(原始狀態)下的每個因素都可以證明是公平的,所以他的假想契約論處於優勢地位。他說,原始狀態是一種「代表機制」(a device of representation),每個因素代表某種我們站在道德立場上接受或者能被說服接受的東西。比如,讓原始狀態中的締約方不知道自己的性別反映了我們認為性別歧視不對的信念。正如前面我們看到的,羅爾斯通過強加無知來保證不偏不倚。

這樣,我們就可以看出建立原始狀態的兩個迥然不同的限制條件。一個是,原始狀態所有的因素,關於知識和無知的所有假設,必須準確反映所有人或幾乎所有人共有的相對沒有爭議的道德信念。另一個是在原始狀態下必須能夠達成協議。原始狀態中的人必須能達成某種協議,否則這種方法就失效了。如果能證明羅爾斯為了讓締約方達成協議而把不公平的因素摻進了原始狀態,就能有力地反駁羅爾斯的理論了。

這種類型的批評中重要的一種對羅爾斯要求人們選擇基本善(primary goods)——自由、機會、財富、收入、自尊的社會基礎——的正當性提出了質疑。我們記得基本善是羅爾斯為了不讓人們知道何為善而引入的概念。結果，羅爾斯不得不提出「善的不全面理論」，這樣，原始狀態中的人們至少能作出某種選擇，否則，不知何為善，他們就不會有所偏好。羅爾斯假定人們想要基本善,而且越多越好。這樣假定，其哲學理由是：這是有理性的人想要得到的東西，不論他還想得到什麼。也就是說，不論你想得到什麼，這些東西都會對你有所幫助。基本善是「萬能手段」。因此，它們在善的觀念裏是中立的。但有人批評説這些善並不中立，它們特別適合建立在利潤、工資和交換基礎上的現代資本主義國家的生活。然而，一定會有非商業性的，更具公共性的生存方式，因此也就有財富和收入(甚至自由和機會)在其中不是主角的善。因此，這種批評意見認為羅爾斯的原始狀態有利於商業性、個人主義的社會組織，忽視了非商業性的公共善對人們生活的重要性。

另一種批評意見針對羅爾斯想讓締約方不知道自己的自然和社會財富這一事實。這對締約方達成協議可能有必要，但它如何反映我們共有的道德信念呢？羅爾斯的答案是，一個人擁有天然和社會財富從道德角度說是沒有道理的。沒有人有理由擁有力量、智慧或美貌，或生於殷實知禮的家庭，所以沒人有理由從這些偶然性中得利。這種信念於是通過讓原始狀態中的人們不知道這些因素體現出來。我們把自然財富定為「共同財富」：所有社會成員都從中得利的東西。

但這樣做對麼？許多人會反對我們不該通過發揮才智而得利的觀點。尤其是如果一個人經過努力發展出一種才智或技能，然後將

其充份發揮，那麼我們往往認為他們應該為此而得到酬勞。但羅爾斯說，即使為一個既定目標通過正當手段奮鬥的能力也會受到個人無法左右的社會和自然因素的影響，因此不能說發展才智應該得到獎賞。

也許在這一點上羅爾斯是對的，但他不會說服所有人。在這種情況下，有些人不會同意他描述的原始狀態正確，他們還不會同意說羅爾斯已經充份論證了他的兩個正義原則，因為要充份論證，這兩個原則必須要從原始狀態中選擇，而且原始狀態要設計得結果公平。我們已經看了懷疑這兩個命題的理由，但現在讓我們看看另一種對羅爾斯觀點的挑戰。

諾齊克和模式論

有人認為，羅爾斯的理論主要的問題不是他用的方法，而是用此方法得到的結果。特別是有些批評者認為羅爾斯的兩個正義原則不一致。具體說，就是一個人不能同時堅持自由原則和差別原則。這種批評有兩種截然相反的形式。一種形式認為，如果我們要使人們平等地享有自由，就要使人們平等地享有財產權，因為富人似乎明顯能比窮人做更多的事情，因而更自由。因此，差別原則與自由原則相衝突，它允許不平等的自由權。但與之對立的批評更為常見，如果正確，將對羅爾斯的理論給予沉重的打擊──給人們自由意味着我們不能對個人擁有財產作出任何限制。規定人們可以得到多少財產，可以用於什麼用途，是限制個人自由的一種方式。對自由權的充份尊重排斥了差別原則，或者實際上排斥了任何其他分配原則。羅伯特‧諾齊克的觀點是這類批評中最重要的，是他為自由市場經濟辯護的自由意志論的中心部份。他的觀點已在本章第一部份中提及。

諾齊克首先用分類法來反對羅爾斯的觀點。首先，他把正義理論分為「歷史的」(historical)和「終結狀態的」(end-state)兩種。終結狀態的正義理論認為，只要看看一種情況的結構，就能弄清楚這種情況是否正義。所以，如果你僅僅根據這一章開頭的按收入排序的游行所描述的分配情況就認為這不公正，那你可能就堅持一種終結狀態理論。如果你認為還需要知道人們怎樣得到資源，或資源分配的基礎，那麼你就相信歷史的正義理論。

諾齊克把歷史理論分為兩種：模式理論(patterned)和非模式理論(unpatterned)。顯然，模式理論認為應按照某種模式進行分配：「按……分配」——按需求多少分配，按能力強弱分配，按功勞大小分配，按地位高低分配，這些都是模式理論的例子。非模式理論不然。實質上，他們是「程序」(procedural)理論。非模式理論認為，正義分配的本質是每個人通過合法程序得到他們佔有的產品。諾齊克自己的理論是非模式的。他說，其他的幾乎所有理論不是模式的，就是終結狀態的(end-state)。而且僅舉一個例子就可以打敗所有的理論，這個例子顯示了充份尊重自由的結果。

首先，諾齊克讓我們想像用我們最喜歡的模式來規範社會，無論什麼模式都可以。假設你的觀點是正義原則要求我們按需分配。一個人需要的越多，應該得到的也越多。假設社會財產根據人們需要多寡的比例以金錢來分配。我們稱其為分配模式1。諾齊克讓我們想像，某一位籃球運動員——就算是威爾特·張伯倫吧——他和他的球隊約定，他要從每一個觀看主場比賽的觀眾身上賺到25美分。觀眾除了要在旋轉柵門口交進場費之外，還要在進大門的時候往一個特制的箱子裏投25美分。到賽季結束時，已有100萬人投過25美分了。因此，張伯倫多賺了25萬美元，於是產生了一次新的財

產分配。我們稱其為分配模式 2。在這個非常簡單的例子的基礎上，諾齊克認為有理由得出幾個重要的結論。

第一個結論是，任何模式——不管它是什麼——都很容易被人們的自由行為打破。在現在這個例子中，模式是「按需分配」，但它實際上被人們的消費選擇打破了。一百萬人決定看威爾特打球，而不把錢用來買巧克力。不論是什麼模式，似乎都可能被一些自由行為(交易、饋贈、賭博等等)破壞。

但是，如果人們決定堅持實行某一種模式呢？這在現實中很難做到，但要維持在一定的範圍內可能不是很難。然而，我們能夠指望每個人或絕大部份人都堅持一種模式嗎？如果社會對什麼是正確模式看法不一致，那麼看起來任何模式都是脆弱的。

諾齊克第二個觀點更有意義。他說，如果分配模式1符合正義原則，人們自願地從分配模式1轉向分配模式2，那麼分配模式2當然也是正義的。然而一旦我們接受了這一點，就等於承認了不遵循原有模式也可能實現正義分配。這樣，所有模式化的正義論就都被反駁了。所以，對模式論的捍衛者來說，反擊這一點至關重要。一個策略是否應從分配模式1到分配模式2的轉移是自願的。雖然辯解說威爾特的球迷給他錢不是出於自願似乎有點可笑，但這不等於說他們知道這樣做的結果是分配模式2。這一點很微妙。雖然分配模式2是自願行為的結果，但並不等於說人們是自覺地創造出分配模式 2 的。如果他們甚至不知道他們的行為會造成分配模式2，怎能說他們是自願的呢？

反擊諾齊克觀點的另一種方法是說，即使分配模式2是人們完全自願的，也並不能說明它是正義的。或許，威爾特的財富使他能夠在市場上興風作浪，囤積居奇，投機倒把等等，從而危害到他

人。畢竟，不是所有人都花錢看威爾特打球。那些不看球的人(包括還沒出生的人)可能合法地反對威爾特積聚新的財富。

然而，即使這種回答很有道理，最重要的還是諾齊克第三個觀點。他認為，要推行一種模式，就要付出喪失自由的沉重代價。假設我們決定維持一種模式。如果一些人希望進行看威爾特打球一類的交易，這種模式可能很快就要被打破。我們應該怎麼辦？諾齊克說我們只有兩種方案：或者通過禁止某些交易(記得瓦西里·格羅斯曼筆下的未來咖啡館的老板嗎？)[58]來維持這種模式，或者頻頻干預市場，進行財產再分配。用哪一種方式，我們都要干涉人們的生活：禁止他們做他們想做的事，或者調查他們的財產收入情況，不時剝奪一些。但是，不論我們用哪種方式，都會嚴重侵犯人們的自由。對自由的充份尊重不允許推行一種模式。

諾齊克認為這些結論甚至適用於那些想完全廢除私有產權的人。在「消滅貨幣的共產主義社會」，產品還是要進行分配，還有人想做生意。精明的商人可以獲取利潤。而且，可以發展小型產業。也許有人能設法用合法獲得的家具或平底鍋做成機器，然後生產用於交換的剩餘產品。這樣，即使沒有貨幣，也會出現所有權的不平等。

羅爾斯會怎麼看威爾特·張伯倫這個問題呢？諾齊克認為，差別原則代表一種模式化的正義觀。財產分配應使最窮的人盡可能過得好。但是，一旦根據差別原則分配收入和財富，有的人會花掉，而有的人會掙得更多，這樣，分配狀況遲早會背離差別原則，還得

---

58 參見本書第五章。

進行財產再分配。諾齊克認為這樣會嚴重侵犯人們生活不受干預的自由。想想前面，對羅爾斯來説，自由原則優先於差別原則，因此，如果堅持差別原則真的會使自由權受到限制，那麼似乎羅爾斯自己的觀點就要求他放棄差別原則。諾齊克曾經説過，充份尊重自由和實行任何財產分配模式都是不相容的。

但羅爾斯可以有好幾種回應。第一個是指出自由原則不是按諾齊克所説的方式來分配自由，而是廣泛給予人們一套羅爾斯所説的「基本自由權」，如言論自由或是競選公職的權利。它不是意味着人們的生活絕對不可干涉，因此羅爾斯的兩個正義原則之間沒有形式上的不一致。

然而，還需要更有説服力的理由來反擊諾齊克。諾齊克認為，要維護差別原則，跟維護所有模式化的正義觀一樣，只能通過頻頻干涉人們的生活。即使羅爾斯的觀點沒有形式上的矛盾，對這種批評他能處之泰然嗎？羅爾斯會回應道，諾齊克描繪了一幅維護模式的古怪圖畫。從抽象意義上講，誠然，要用差別原則規範社會，就有必要禁止一些交易，實行財產再分配。但通過一種高度文明的、非侵犯性的方式，用我們十分熟悉的稅收和福利系統，也可以做到這一點。有錢的人要被課以重稅，低收入的人會得到收入補助。通過稅收，既可禁止某種交易，又可以進行收入再分配——你付給一個人一大筆錢，這個人就得把一部份錢交給國家，由國家分配給別人。儘管納稅讓人不痛快，但似乎很難説是對人們生活的嚴重干涉。

諾齊克還是預料到這種回答。他説，收稅等於強制勞動。因為我們都反對強制勞動，就應該都反對收稅。實際上，不是所有人都反對強制勞動。盧梭認為，與強制勞動相比，收稅更違反自由原則。但諾齊克為什麼説出這樣聽起來很荒謬的話？答案如下。假設

你一周工作40個小時，工資的25%用於繳稅，再分配給窮人。這個規定沒有變通。如果你想做現在的工作，掙現在的工資，你就得納稅。因此，一周有10個小時(工時的25%)，你實際上在被迫為他人工作。一周10個小時，你和奴隸差不多。所以，收稅就是奴役，就是竊取你的時間。諾齊克問道，哪個珍視自由的人會接受這種境遇呢？

羅爾斯又會回答說，這是極度的誇張。稅收強迫一個人為他人工作，不管其意願任何，這似乎有點道理，但稱其為強迫勞動或奴役似乎不太恰當。羅爾斯的支持者補充道，不能忽視另一個更重要的理由。用於再分配的稅收也增進了自由，因為通過提高窮人的收入，可以使他們擁有一系列不如此就不會擁有的選擇。因此，什麼制度能最好地增進自由仍然有待探討。諾齊克沒能證明羅爾斯的兩個正義原則不一致。

結 論

從以上這些關於分配正義的討論中，我們應該得出什麼結論呢？第一個問題是，珍視自由是否足以決定財產應怎樣分配。我認為，結論是不足以決定。所有討論過的理論(除了功利主義)都是在自由的基礎上得到支持的，但沒有一個特別有說服力。

這是否意味着分配正義問題不能通過辯論解決，或者至少不能在這種抽象的水平上解決？下一章，我們將看看這樣說的一些理由，但在我們目前討論的基礎上下這樣的結論，就為時過早了。到目前沒有成功不等於不可能成功。如果一個人像許多哲學家那樣傾向於接受羅爾斯的總體框架，我們就確實有一種論證正義的方法。這不等於說羅爾斯的結論肯定是正確的，因為很可能他用錯了自己

的方法。比如說，原始狀態中的人會選擇功利主義原則，或說得更有道理些，會選擇以「社會最小收益」為條件的功利主義——一個對現存福利國家的修正版本。但是不論羅爾斯的正義原則正確與否，他已為政治哲學提供了一個方法，使辯論得以繼續。而且，羅爾斯現在是政治哲學領域的泰斗，任何人要反對他的方法論都必須說清理由。

6 個人主義、正義和女權主義
Individualism, Justice, Feminism

整個社會改良史就是一系列轉變。由於這些轉變，一個又一個風俗或習慣就演化成一種千夫所指的不公和殘暴，而不被認為是社會存在的基本需求。奴隸和自由人，貴族和農奴，達官和庶民的劃分正是如此。膚色、種族和性別的不平等將要如此，在某種程度上已經是這樣。(密爾：《功利主義》，320頁)

個人主義和反個人主義

本書前面各章探討了政治哲學中的一些相互關聯的問題。我們是從這樣一個觀點入手的：政治權力(一個人統治另一個人的權利)不是天然存在的。因此，在第一章裏，我們研究了沒有政治權力的自然狀態是什麼樣子。接着，第二章談了國家存在的合理性，第三章講的是國家的組織，特別是國家是否應該有一個民主結構。第四章探討了人們不受國家干涉，享有個人自由的限度問題。最後，在第五章，我們討論了財產分配中的正義問題。

在每一章，我們都列舉了幾個答案並進行了討論。但是，一些讀者會反對說，問題的選擇和本書對其所採取的立場後面有一個有爭議的假設。這個假設被稱作「個人主義」，或者「個體論」，或者「自由個人主義」，往往可以壓縮成一句很含糊的口號：「個人優先於社會」。洛克關於人生來自由、平等、獨立的假設是自由個人主義的典型。誠然，本書前面各章以不同形式涉及了怎樣保證自由和平等的問題。就此而言，我似乎確實以自由個人主義作為前提。但人們可能會問，那又有什麼錯呢？

挑戰自由個人主義「個人優先於社會」觀點最突出的理論求助於它自己(與自由個人主義截然相反)的口號:「社會優先於個人」。在第四章,我們碰到過這種觀點突出的代表——公有主義。人生來是社會的人,深受自身社會習俗和傳統的影響。任何人的品性大都是其生長的環境影響的結果。因此,人決不是生來自由獨立的。或許,人甚至是不平等的。

我們應不應該辯論個人是否優先於社會的問題?我們能弄清我們在爭論什麼嗎?顯而易見,任何一個活着的人都出生在某種社會。在這種意義上說,社會顯然優先於個人。但這似乎不能解決任何具有哲學價值的問題。問題的關鍵在於,世上的確存在過人類生活於社會之外的自然狀態嗎?這個問題本身很有意思,但答案對政治哲學的意義尚不明了。一個更有哲學意義的辯題是關於個人和社會之間道德關係的性質。但這個問題至今沒有人能弄清楚,也沒有引起注意。

因此,個人主義是個十分捉摸不定的概念。為了能取得進展,我們需要找到比前面提及的觀點都表達得更清楚的一種觀點。下面,我想從定義一種我們稱其為「極端自由個人主義」(extreme liberal individualism)的思想入手(不論是否有人真的持有過這種極端形式的個人主義觀點)。至少,如果我們這樣做,就能看到有什麼可以爭論的話題。極端自由個人主義者持有四個觀點:關於政治哲學的性質的觀點;關於政治價值的觀點;關於理想政治社會性質的觀點;權利和義務的基礎的觀點。

首先,極端個人主義者認為,政治哲學的任務是設計正義原則。這些原則必須抽象全面地規定個人的權利、義務和職責。這並不等於說個人主義者必須信奉自然權利——有些功利主義者從

這種意義上説也是個人主義者。相反，關鍵是個人主義者認為政治哲學的任務是構築某種類似理想立法的東西——分配權利和義務的規則。

其次，自由個人主義者相信，個人自由和平等重於一切。因此，他們認為，政治哲學的任務不僅是分配權利，最重要的是那些權利應該保護個人自由和平等。功利主義者之類的人不會同意這種觀點。即使功利主義者同意政治哲學家應該設計權利體系，但在他們看來，那些權利最終是為增進幸福，而不是為增進自由和平等而設計的。正是這個觀點使個人主義者成其為自由個人主義者，剛才提到的功利主義者嚴格來説是非自由的個人主義者。

第三，極端個人主義者(自由和非自由的)相信我們所説的正義的優先權。社會必須公正，即使為此要付出其他種種代價。這一説法的意義可能不容易理解，但隨着本章的繼續展開，就會越來越清晰。按照羅爾斯的説法，這種觀點認為正義是社會政治制度的「第一美德」。

最後，個人主義者認為我們擁有的任何權利、義務和責任都可以理解為以某種方式產生於個人的行動——也許甚至是自願行為。這一點在第二章關於政治義務的討論中説得最清楚。契約論認為服從國家的義務可以簡化為每個人所訂立的契約或所做的承諾。這樣，我們就可以設想如果國家不存在，我們為什麼和怎麼樣創造出國家來。我們可以根據這一設想來確定我們與國家的道德關係。

由此可見，極端自由個人主義是一種複雜的觀點，我們完全有可能只贊同它的一部份，而不必全部贊同。例如，一個人可能認為政治哲學應該總結出抽象的正義原則，來保護自由和平等，同時可能認為正義相對來説並不重要：也許任何社會的首要任務是創造一

種可以造就偉大的藝術和建築的環境，即使這樣會導致不公。(比如，沒有奴隸勞動，大概就不可能建造金字塔。)

進一步說，人們可能以許多不同的理由拒絕自由個人主義。對上述第一種觀點就有兩種完全不同的反對意見。批評個人主義的公有主義者常常建議道，政治哲學的任務不是提供抽象的正義原則，而應該是描繪出美好社會的圖景。因此，政治哲學就應該大量細致地講述如何使人類社會繁榮。而有些保守主義者則認為，嚴格地說，以為政治哲學有什麼任務是錯誤的。埃德蒙·伯克(Edmund Burke, 1729－1797)在《法國大革命反思》(1790)一書中(此書對法國大革命及引發法國大革命的政治思想進行了批判)，反對在政治中使用理性和理論。伯克強調習慣和傳統的重要性，認為雖然它們可能無法抵擋「缺乏理性」這一批評，但不應要求它們接受他認為不恰當的質疑。本世紀，邁克爾·奧克肖特(Michael Oakeshott, 1901-1990)舊話重提，在各種著述(包括《政治理性主義》中)提出，我們的傳統和繼承自前人的體制中包含的智慧(一代代積累起來的智慧)超過了我們自己的智慧，進行改革和重建既是錯誤的，也是有害的，除非是以最為緩慢謹慎的方式進行。用這種觀點看，自由個人主義只不過是又一種有害的理性主義，對政治中理性的作用認識有誤。

正如同有各種理由反對自由個人主義者的部份觀點一樣，這反對本身也可能產生於各種不同的觀點。上述第四種觀點實質上就是說，所有的權利和義務都可以說是來自個人的行為。對這一觀點的一種極端的反對意見常被稱為整體論(holism)，英國黑格爾派哲學家布拉德利(F.H. Bradley, 1846-1924)的著作就是例證。在一篇題為《我的身份和義務》(My Station and its Duties)的論文中，布拉德利認為，一個人的特徵深受其社會，文化和種族遺產的影響，所以把一個人

看作一個個體沒有多大意義:「純粹的個人是理論的臆想,試圖使其成為現實就是扼殺和戕害人性,只能無功而返,或製造禍患。」《倫理研究》,111頁)[59] 布拉德利建議用「我的身份和義務」理論來取代自由個人主義:一個人生來有一個身份,承擔適合於那個身份的義務。這一思想和一種國家觀相輔相成:「國家不是組合而成的,而是有生命的;它不是破爛堆,也不是一台機器;它不是詩人談論民族的靈魂時不羈的言辭。」《倫理研究》,120頁)

在這種觀點看來,國家是個有機體———一個活的整體———個人是個器官,「總是在為整體工作」(《倫理研究》,113頁)。「身體政治」是一個十分認真的比喻。你的身份和義務正像你的器官的身份和義務一樣固定。假設讓你的心臟隨心所欲(如果有可能),後果將不堪設想。同樣,你自己的義務總體上由你與社會或國家的關係所界定。義務是國家給予我們的,不是我們自己的行為創造出來的。

以為一個人不是個人主義者就一定是整體主義者,這種看法是錯誤的。極端自由個人主義堅信所有的權利和義務來自個人行為,而整體主義堅信沒有任何權利和義務來自個人行為,但有一種折衷的可能——實際上是一系列可能。也許有的社會權利和義務可被看作是來自個人行為,但有的不是。實際上,現實中的個人主義者和整體主義者都接受中庸的觀點。像布拉德利這樣的整體論者承認我們可以通過諸如承諾或締約之類的自願行為來創造義務,而洛克等個人主義者承認,我們有一些道德義務,如不能危害他人等,姑且不論這些義務是不是我們自己創造的。真正的辯題是我們的政治和道德義務有多少可以被證明是來自個人行為。

---

59 布拉德利(F.H. Bradley):《倫理研究》,引文頁碼根據 *Ethical Studies*, Indianapolis, Ind.: Bobbs-Merrill, 1951 年。

　　通過討論自由個人主義似乎引出了一堆讓人眼花繚亂的問題。試圖弄清個人是否優先於社會，對深入理解個人主義幫助不大。我們應該關注大量存在的命題和對這些命題的批駁。但怎樣才能從最佳角度探討這個極其複雜的問題？前面，我說過本書話題的選擇和採取的立場中有一個類似自由個人主義的假設。我認為本書沒有把極端自由個人主義作為前提。當然，本書的假設接近個人主義，而非反個人主義。從我前面所說的可以清楚地看出，自由個人主義有許多替代方案。至於我們為什麼要採用其中某一方案，則有待進一步說明。自由個人主義究竟有什麼錯？所有主要的批評意見都可以歸結為同一根由：自由個人主義錯誤地描繪了人性和社會關係，從而使人們對人類可能達到的政治前景產生一種誤導的、有害的看法。這種批評的具體觀點因人而異：保守主義者說自由個人主義目標過高，無法實現；極端主義者說它目標太低。但批評一種政治哲學，莫過於批評它提供一種誤導的，有害的政治觀。所以，衡量反對意見是否理由充足至關重要。要做到這一點只能從細處着手。

　　在當代政治哲學領域，關於自由個人主義的限度的爭論在許多方面進行：保守主義者，公有主義者，社會主義者和環保主義者都從我所說的極端自由個人主義中挑出一些因素，作為攻擊的靶子。但女權主義政治哲學領域內正在進行的一場辯論最為活躍。現在，我們要轉向這場辯論，既是因為話題本身的趣味和重要性，也是將其作為「自由個人主義的限度」的個案研究。我將從介紹自由個人主義框架中的女權主義觀點入手，然後討論那個框架是否合理，或者是否像自由主義的女權主義批評者所說的那樣，需要理論和實踐上的變革。這將使我們需要重新回來探討自由個人主義是否合理這個問題。

婦女的權利

也許女權主義者最早要求的是給予婦女平等權利———一個自由個人主義運動，如果曾經有過這樣一場運動！如果我們承認婦女受到了多麼不平等的對待，這個要求就不出人意料了。正如法國女權主義者，哲學家西蒙·德·波伏瓦(Simone de Beauvoir,1908－1986)在1949年所寫：

> 婦女在任何領域都沒有真正得到過機會。這就是今天為什麼許許多多婦女要求一個新地位，而且……她們不要求在女性特性上得到褒獎……她們希望最終被給予抽象的權利和具體的機會，缺少了它們自由就只是一種嘲諷。(《第二性》149頁)[60]

歷史上對婦女的壓迫確實很驚人。我們已經知道，直到本世紀初，英國婦女還沒有選舉權。在十九世紀末的各種《已婚婦女財產法》頒布前，婦女一旦結婚其財產就歸丈夫所有。在英國，1970年《收入平等法案》頒布以前，按照慣例，工資都有兩個標準：高的是男子的工資標準，低的是婦女的。現在這樣做是非法的，但直到這麼晚才改變這種狀況讓人十分驚訝。

婦女當然已經在權利平等方面取得了長足的進步。即使與十年前相比，現在就業方面公開、明顯的歧視已經少得多，有理由相信情況會繼續改善。那麼，如果婦女已經或很快就能與男子權利平等，女權主義者會有更多要求嗎？

不難理解，權利平等政策儘管非常有必要，但不足以滿足對權利的要求。即使婦女現在極少在就業上受到公開的歧視，也不能排除形式更巧妙的歧視。男女工資標準不同是非法的，但婦女的收入

---

60 西蒙·德·波伏瓦(Simone de Beauvoir)：《第二性》，引文頁碼根據 *The Second Sex*, New York, Vintage,1952年。

多數仍集中在較低的一檔。根據最近的一份報告，1970年英國實施第一個收入平等法之前，婦女每小時平均收入是男子的百分之六十三，到1993年，這個比率大幅增加，也只不過達到百分之七十九。況且，儘管就業方面的性別歧視屬非法，國家幾乎沒有能力監督所有的用工部門。

換句話說，正如我們在前面幾章所指出，法律可以沒有某個弊端，但社會不一定能免除那個弊端。宣佈歧視為非法行為不能保證歧視不再發生，甚至不能保證不再成系統地出現。

但是，即使我們能消除有意的歧視，權利平等政策仍可能有問題。馬克思認為，一方面的權利平等可能導致另一方面的不平等。如果一個人有老人需要贍養，而另一個人沒有，或者一個人有殘疾而另一個沒有，則收入平等並不能保證生活水平相等。因此，如果男子和婦女的需求差別很大，那麼權利平等政策就不會實現平等。真的有實質性的差別嗎？在此，女權主義者有時感到進退兩難。承認婦女的需要和男子的不同，而且這樣的需要導致特定的權利，有時被男子看作特別的懇求或承認自己軟弱──默認自己低人一等。所以有些女權主義者試圖否認婦女需要自己獨特的權利。

但是，沒有理由說承認男女之間存在差別就等於婦女脆弱，而這往往正是我們理解這個問題的方式。男子也有其特殊需求，比如，男性通常需要每天比女性攝入更多的熱量，但這從未被視為男性低於女性的象徵。所以，承認一個群體有特殊需要不等於說他們更軟弱。而拒絕承認婦女有特殊需要(特別是那些與其生理特徵有關的需要)可能使其處於更低的地位。比如，我們很難忽視這一事實：是婦女，而不是男子生孩子。這一點導致了特殊需要，以及隨之而來的對特殊權利的需要。

但是，我們需要謹慎使用這種論點。婦女的獨特之處有多少真的是其生理特徵造成的？女權主義者解決這個問題的一種方式是區分「性」(sex)和「性別」(gender)。性被看作是純粹的生理範疇，而性別被看作社會或「社會構成的」(socially constructed)範疇。我們常常可以看到，不同社會的性別角色差異是相當隨意性的。舉個小例子，在有些社會中，只有男子放羊，而在有的社會中，放羊的都是婦女。這種現象沒有生理上的原因，顯然只是習慣問題——一種社會構成。社會被構築成一種模樣，也可以被重新構築成另一種模樣。性別角色似乎容易評估和改變，至少原則上如此。

所以，承認兩性之間有生理差別並不意味着必須贊同所有的傳統性別角色都有差異。但我們的想像力往往太貧乏。在幾乎所有社會，婦女都是小孩的主要看護人，至少小孩出生頭幾個月是這樣，這已被視作天經地義的事情。為了照顧這一差異，以及隨之而來的需求差異，現代社會近幾十年來已設計了各種產假措施，試圖以此實現男女平等。但光有產假還不足以保證婦女在工作場所的平等。不論產假條件多優厚，一個母親的事業幾乎肯定會受生孩子影響，而父親很少會受影響。產假甚至可能阻礙婦女事業上的發展，特別是我們應該知道，婦女的生育年齡和她在事業上有所建樹，有機會晉升的年齡段重合。正如當代女權主義政治哲學家蘇珊‧莫勒‧奧金(Susan Moller Okin)所說，問題的根源是

> 兩個常見但又相互矛盾的前提：婦女的主要職責是撫養孩子；工作場所中認真而穩定的成員……對撫養孩子不負責任，甚至不負主要責任。以前，工廠假定工人的家裏有主婦，至今這仍是一個暗含的

---

61 奧金(Susan Moller Okin)：《正義、性別和家庭》，引文頁碼根據 *Justice, Gender and the Family*, New York, Basic Books,1989 年。

假定。(《正義、性別和家庭》5 頁)[61]

因此，有的女權主義者已經向產假政策所依賴的前提發出挑戰。為什麼要讓母親看護出生幾個月的嬰兒？這已經沒有生理上的必要。為什麼父親不擔負起這個責任，如果有時父親更適合？所以，有人建議用父母任何一方都可以休(或同時休，但時間短些)的「雙親產假」(parental leave)取代產假。這個建議似乎解放了婦女。傳統由母親承擔的角色將由父親或母親選擇承擔。當然，不是所有人都贊同這個建議。有的婦女會認為表面上得到的「選擇權」不過是壓迫的另一種形式：她們被迫回去工作，即使她們想和剛出生的孩子待在一起。但是，事情的道理沒有改變：性別角色被認為不公正時，可以用社會政策來改變性別角色。

這個例子還有助於揭示女權主義者特別關注的兩個領域——工作和家庭之間的關係。歷史上很長一段時間，婚姻被認為可以讓婦女遠離不盡人意和低賤的工作，儘管婚姻往往不會使婦女的境遇有多大改善，而且(充其量不過)使婦女的從屬性社會角色永久化。但是，許多婦女試圖兼顧事業和家庭——或者出於自願，或者因為經濟上有必要——結果是承擔了工作和家務「雙重負擔」，疲憊不堪，常常又反過來影響了她們的事業。男性很少有願意與工作的妻子分擔家務的。有人說：「妻子從事全日制工作的丈夫比妻子在家料理家務的丈夫每天平均多做兩分鐘家務，幾乎不夠煮隻雞蛋的。」[62] 妻子不論是否有工作和收入，很少擁有她的丈夫所擁有的權力、地位和經濟自主權，這部份說明為什麼即使是有工作的妻子通

---

62 伯格曼(Barbara R. Bergmann)語，轉引自《正義，性別和家庭》，153 頁。

常也會擔負做家務的主要責任。既要消除這些不平等本身，又要通過消除這些不平等，使婦女在工作場所獲得同等的工作機會。雙親產假之類的政策是邁向這個目標的一小步。

但是我們還能做點什麼呢？有人建議說婦女應該受益於「反歧視政策」(affirmative action)——照顧弱勢群體發展事業的積極政策，弱勢群體在這裏是指婦女。

反歧視政策

反歧視政策有多種形式。它可以是指通過一種積極的招聘政策，鼓勵有某些背景的人謀求工作或晉升，但更常見的是雇傭或招生的「優惠」政策。這又有不同的方式。想想一個大學想多招女生的情況。可能有嚴格的規定，要求必須把某些名額留給女生；或者沒有配額，但對女生的申請網開一面；或者乾脆在考生能力相當時用性別來決定取捨。毫無疑問，也可能採取其他政策。看起來，反歧視行為政策從廣義上講和自由個人主義是一致的，可以用來分配權利和義務，最終實現選擇職業的自由和平等。

可是，許多人，包括一些自稱為「自由主義者」的人，強烈反對反歧視政策。他們主要批評這個政策自相矛盾。反歧視政策本來是為了消除歧視，但它們也不過是採用了不同標準的歧視。雖然這種批評很常見，卻很膚淺。任何政策都必須採取某些歧視性標準。比如大學招生辦公室應該在聰明學生和不那麼聰明的學生之間青睞前者。不能說所有的歧視都不公平。真正的問題是反歧視行為中涉及的歧視能否讓人接受。

為什麼歧視可能不為人所接受？遭人反對的歧視可以界定為「採用不恰當標準進行的選擇」。有人認為，性別和種族決不是選擇

的恰當標準。也許，不把人們看作個體，而是視為團體的一員是錯誤的。一個人是黑人還是白人，是男人還是女人，應該和他們得到的待遇無關，特別是分配稀缺資源的時候。反對種族或性別歧視的理由同樣可以作為反對反歧視政策的理由。應該以品行為標準衡量每個人，否則就有失公正，甚至把事情搞得更糟。比如說，如果一些中產階級女性資格不如某些也許家庭不那麼富裕的男性，卻得到照顧，擠掉後者，進入醫學院，這有什麼公正可言呢？

另一種批評是反歧視政策可能適得其反。因反歧視政策而得到職位的人可能因此而背上惡名。更糟的是，一些無須反歧視政策照顧也能得到工作或職位的弱勢羣體成員會被認為得益於這種政策，從而也被人指責。這些人無法擺脫這種陰影。這種觀點認為，反歧視政策既高傲又帶有侮辱性，長期來看，可能弊大於利。

以上都是很有力的批評。能為反歧視政策辯護嗎？可以有各種辯解的理由，但不是都能抵得住攻擊。一種觀點是反歧視政策不過是機會均等思想的延伸。在任何實行能人統治的體制中，職位應該給予最有能力的人，但依靠形式上的資歷選拔會有利於上過更好的學校，或家庭背景更優越，或在家得到更多的支持和鼓勵的人。反歧視政策可以彌補由於佔優勢者的資歷被誇大而造成的不平等。

如果佔優勢者實際上不像在申請表格上寫的那樣優秀，這個觀點就有說服力。但那些已經取得資歷的人往往受過訓練，有結業證書，因此抓住機會或做好工作的可能性更大。所以正義要求掌握技能的機會均等，這正是羅爾斯的觀點。但那似乎需要在補習教育階段進行干預，而不是依靠後來的反歧視政策。

第二個觀點用社會收益來為反歧視政策辯護。有人說人們和與自己種族和性別相同的專業人士打交道更自在。更重要的是，貧困

的黑人社區特別需要醫生、牙醫、律師和其他專業人士。社會需要黑人醫生和律師，法學院和醫學院有責任為社會培訓各種背景的人以滿足這些需求。這個觀點也需要慎重對待。且不說這個觀點適用範圍非常狹窄，人們喜歡同種族、同性別的專業人士是真的嗎？我們就不該追問人們是否真的有這些偏好，而完全承認這些偏好存在嗎？況且，憑什麼說黑人醫生和律師會選擇在需要他們的黑人社區工作，而不去掙錢更多的其他地方？

第三個觀點是出於補償過去不公正的考慮。美國黑人的例子特別典型。他們現在的不利地位至少有一部份是由買賣奴隸造成的。反歧視政策就是一個一攬子政策，試圖補償這些歷史上的不公正。有人反對說，今天活著的白人沒有奴隸，也就沒有不公正地對待黑人。但這樣說並不中肯。即使白人不是過去不公正的根源，他們也是受益者。男性受益於一種男性比女性更受優待的文化，因此有理由作出賠償。

上述這些觀點都有一定的說服力，但是話還沒有說完。第四個觀點是關於反歧視行為政策的象徵力量。反歧視行為政策象徵著黑人和婦女在大學和專業界受歡迎，他們原先被排除在外是件很遺憾的事情。至少目前，如果他們要有所作為，就必須為他們提供方便。這一點和第五個觀點與第四點相符：必須打破某些機會不向婦女和少數民族開放的傳統。反歧視政策提供了角色模型(role models)，告訴新的一代人他們能做什麼。

最後這兩個觀點的好處是讓我們承認，一個實行反歧視政策的世界不是理想的世界。反歧視政策作為一項長期政策是不可取的，在某些方面也不公正。正如反歧視政策的批評者所說，應當以個人品行為標準衡量一個人。但沒有反歧視的臨時性政策，我們就更難創造

出一個的確以個人品行衡量人,而不必實行反歧視政策的世界。因此,反歧視政策應被看作是通向一個更公正的世界的過渡政策。

超越自由個人主義?

如果反歧視政策加上重塑性別角色的社會政策能將我們帶向一個公正的世界,大概女權主義政治哲學家們就應該集中精力於設計最好的反歧視行為計劃和社會政策了吧?許多女權主義者強烈反對這一建議,西拉·本哈比(Seyla Benhabib)明確說明了原因:

> 若要了解並抵制對婦女的壓迫,僅要求婦女政治和經濟上的解放已經不夠了,還有必要對家庭和私人領域的性心理關係提出質疑。婦女生活在那樣的環境中,其性別特徵是在那種環境中複製的。(「抽象的鐵者和具體的他者」,95頁)[63]

中心問題是,反歧視政策和社會改革發生在現存社會中,所以,以正義的名義傾全力於這類政策就意味着既全面接受廣義上自由的、資本主義的現存社會形式,又全面接受傳統的政治哲學。有兩個特別引人注目的女權主義觀點對此提出了挑戰:一個是女權主義者應該反對資本主義;一個是女權主義者應該放棄使用正義之類語匯。第二個觀點就是對自由個人主義的批判。但首先讓我們看看為什麼有的女權主義者認為應該反對資本主義。

當然有一個明顯的原因:有的女權主義者是社會主義者,社會主義者反對資本主義。但這不是女權主義獨有的反對理由。下一步是說資本主義和「父權」或男性統治之間有內在聯繫。這樣的觀點以兩種(或三種)形式出現。

---

63 《抽象的和具體的他者》(*The Generalized and the Concrete Other*),見Seyla Benhabib and Drucilla Cornell(eds.) *Feminism as Critique*, Cambridge: Polity Press, 1987, p. 95.

一種說法是資本主義經濟結構必然導致男性統治的體制。比如，資本主義生產關係不斷在家庭內部複製壓迫性關係。所以要結束男性統治，必須先推翻資本主義。資本主義制度內部的改良無法結束制度性的男性統治。

第二種說法認為因果關係正相反：男性統治導致資本主義。性別角色的平等將最終創造出一種新的社會形式。例如，西拉·羅伯瑟姆(Sheila Rowbotham)在 1972 年寫道：

> 只有當婦女開始大量組織起來，才能變成一種政治力量，才可能邁向一個真正民主的社會。在這個社會中，每個人都能在為自由而又無私地生活而進行的鬥爭中變得勇敢、負責、善於思索、勤奮好學。這種民主就是共產主義，它超出了我們現有的想像。(《婦女、反抗和變革》12-13 頁)[64]

第三種說法把前兩種結合起來，認為資本主義和父權相互關聯，要消除其中一個，就必須消除另一個，因此要完全變革這種制度。

如果在社會經濟制度的性質與其他社會制度和關係之間找不到任何聯繫，那倒是奇怪了。例如，家庭權力往往掌握在收入最高的家庭成員手中，無論是丈夫／父親，還是妻子／母親，或者在罕見的情況下是十幾歲的兒子或女兒。因此，如果在某地的經濟環境下成年男子大量失業，而年輕婦女的就業機會多，相對更富裕，勢力更大，這種情況注定會造成巨大的社會影響。(實際上，有人發現在這種情況下，女兒開始有了先前父親才有的野蠻粗暴作風！)另一方面，我們也注意到，家庭責任觀念的改變正在導致人們就業傾向的

---

64 西拉·羅伯瑟姆(Sheila Rowbotham)：《婦女、反抗和變革》，引文頁碼根據 *Women, Resistance and Revolution*, London: Penguin, 1972 年。

變化：也許幼兒的父親現在更不願意做需要整天不在家的工作。但這種零星的事例很難證明資本主義經濟結構和男性統治之間有根深蒂固的系統性聯繫。零碎的改良，而不是徹底的變革，能在多大程度上改變男性統治的狀況還有待觀察。因此，像雙親產假和反歧視這樣的政策要實現男女地位平等，可能還有很長的路要走。也可能用不了很長時間。但是，我們還是不知道資本主義經濟結構是否與性別平等相兼容。

所以，讓我們回過頭來，看看本章前面定義的「極端自由個人主義」。它包括四種觀點：一、政治哲學是制定抽象的權利和正義原則的學問；二、這些權利應該保護個人自由和平等；三、正義是社會和政治制度的第一美德；四、社會權利和義務可被看作是來源於個人行為。女權主義批評家已經對所有這四個觀點都提出了挑戰，其原因可以通過分析女權主義者應停止使用正義之類語匯這種說法來了解。

這種說法總的理由很簡單：有人說正義是個「有性別的」概念。以為政治哲學要求設計正義原則就已經在採用一種男性視角了。表面上看，這種批評讓人不解：畢竟，正義是說要平等對待每個人。我們為什麼要把這種說法當回事呢？南希·科德羅(Nancy Chodorow)的著作為這種說法提供了支持。在《母性的複製》[65](1978)一書中，科德羅認為，婦女追求與他人的「關聯」(connectedness)，而男性重視「疏離」(separation)，往往很難與他人，甚至與自己的家庭成員結成牢固的個人關係。婦女在這方面要成功得多，卻因而犧牲了她們自己的發展。婦女因為要照顧和滿足他人的需要，常常忽

---

65 《母性的複製》英文名為 *The Reproduction of Mothering*。

視了自己。這些理由聽起來當然很有道理，但是什麼原因造成了這種差異？

科德羅認為，「母親一個人撫養兒童」是這些行為模式的根源。簡單說，有人認為，人生最初幾年對個性的形成和發展最重要。通常，在這段時間，兒童由母親單獨撫養(如果不是，則由另一個或另幾個婦女撫養)，而父親則是個遠離家庭，總是不在場的人物。為了認同於男性，一個男孩必須疏遠母親，而對女孩來說，與母親的認同和聯繫至關重要。在這一過程中，疏離感和男性意識漸漸融合，而關聯意識則和女性意識結合起來。於是這些特徵被一代代複製下去。

這種觀點為女權主義「反正義」觀點提供了第一個前提：男性比女性更重視抽象和疏離。第二個重要前提是，正義是一種抽象和疏離的倫理觀。從這個前提出發，似乎可以得出男性比女性更重視正義的結論。因此，至少從這個意義上說，正義是個有性別偏向的概念。這不是說所謂公正結果對男性有利——因而不公正——而是說高度重視正義就是採取一種男性視角。

卡羅爾‧吉利根(Carol Gilligan)在《不同的聲音》(1982)中的實證研究似乎證實了這個結論。吉利根承認，主要有兩種途徑解決道德問題：「正義」方式和「關照」(care)方式。正義方式是指探尋抽象的規律或原則，用來解決特定的道德難題。相反，關照視角要求考慮細節——誰會受損，誰會受益——因此要求就事論事地作具體決定。許多理論家認為，在很大程度上，男性傾向於採取正義和權利視角，而女性傾向於採取關照視角。但是，人們常常認為，男性的正義和權利視角是道德推理的一種「更高」或「更成熟」的形式。女性的關照道德觀被看作是一種異端，是道德發展不充份的表現。

緊接着，吉利根的計劃是證明關照視角不是不成熟或不發達，而是和權利視角一樣能有效地解決道德問題的途徑(實際上，有人已經用其作為依據，證明女性的道德觀更高級)。她的研究報告是根據對兩個聰明能說的11歲孩子杰克和艾米的採訪寫成的。她給每個人都講了個故事，說海因茨為了救妻子的命，考慮是否偷一種他買不起的藥。他該不該偷這藥？杰克說他應該，理由如下：

> 一方面，人命比錢更重要，如果藥店老板只賺1000美元，他還能活下去，而如果海因茨不偷這藥，他的妻子會死。(為什麼人命比錢重要？)因為藥店老板以後可以從得癌症的富人身上賺1000美元，可海因茨卻再不能見到他的妻子了。(為什麼不能？)因為人們各不相同，所以誰都不可能再看到海因茨的妻子了。(《用不同的聲音》26頁)[66]

相反，艾米拒絕直接回答海因茨是否應該偷藥的問題：

> 我認為不應該偷。我認為除了偷，可能還有其他辦法，比如他可以借錢，或貸款什麼的，但他確實不應該偷藥——但他的妻子也不該死。

> 如果他偷了藥，那麼他就可能救他的妻子，但如果他這樣做，就可能進監獄，那麼他妻子可能又會生病，而他不可能得到更多的藥，這可能不是件好事。所以，他們就是應該好好商量商量，另找個弄錢的辦法。(《不同的聲音》,28頁)

吉利根評論道，艾米看到了一種「對長期關係的記述」，而杰克把這個問題看作「與人有關的數學問題」(《不同的聲音》,28頁)。兩人對下一個問題的回答完全證實了這一點：如果對自己負責和對他人負責相衝突，該怎樣選擇？艾米因考慮情況可能變化而左右為難，而杰克答道：「你把四分之一給別人，四分之三給自己。」

---

66 卡羅爾・吉利根(Carol Gilligan)：《不同的聲音》，引文頁碼根據 *In A Different Voice*, Cambridge, Mass.: Harvard University Press, 1987 年。

如果一個人同意杰克和艾米的想法是男性和女性視角的典型代表(當然,僅憑一個例子還不能得出有力的結論),那就有實例證明男性比女性更重視抽象籠統的正義觀念。科德羅的工作可能解釋了這一現象產生的原因,但她的解釋遠未得到證明,在很大程度上只是一種推測。很多婦女看重正義,也有許多男性理論家反對說政治哲學的關鍵在於設計抽象的正義原則。用一個人的成長經歷來解釋所有這類觀點就把問題過於簡單化了——至少沒有廣泛的傳記研究做基礎。但是科德羅的觀點應該讓自由主義者停下來想想。為什麼關於天然自由、平等和獨立的洛克式假設有永恒的魅力?很多政治哲學家認為這些假設很難反駁。是因為這些假設不證自明嗎?這些假設有魅力,只是理論家早年的成長經歷造成的嗎?

上述觀點——如果我們同意——似乎將衝擊極端自由個人主義觀點的幾個要素。只有男性會同意政治哲學的任務是設計抽象的正義原則,只有男性會認為政治哲學家首先應該關心自由和平等價值,也只有男性會說正義是政治和社會制度的第一美德。

但是,什麼東西能取代正義觀?實際上,在許多情況下對正義和權利的訴求似乎不大適用。正如當代政治哲學家杰羅米·沃爾德倫(Jeremy Waldron)所說:

> 在正常的美滿婚姻中,不應大談權利。如果我們聽到一個人埋怨配偶否認或收回婚姻權利,就知道這對伴侶之間在處理欲望和感情的互動關係方面已經出了問題。(《自由權利》372頁)

沃爾德倫把正義或權利與感情——相互關心和尊重——做了對比。這個例子非常有助於思考極端自由個人主義各方面的局限性,特別是第四個觀點——社會權利和責任可以被看作是產生於個人的行為,因為個人主義似乎在解釋家庭內部的道德關係方面尤其無

力。比如，霍布斯對自然狀態中母親對子女所擁有的權利的性質和來源很感興趣。他用了半契約式的驚人語言來解決這個問題：「在純粹的自然狀態中……對子女的管轄權……歸……她。……嬰兒首先是在母親的權力控制之下的，所以她可以撫養他，也可以拋棄他。如果她撫養他，他的生命便得自於母親，因而就應服從她。」（《利維坦》，254頁）

康德在十八世紀晚期寫道，婚姻是為「終生相互佔有性機能」而簽定的契約，此言為世人所詬病。但是，認為婚姻或家庭生活的任何因素本質上是進行權利和義務的互惠性再分配的商業關係，至少肯定是錯誤地描述(mischaracterize)了我們對婚姻應有的看法。一個人當然有權選擇是否結婚，但婚姻關係本質上(至少從廣義上講)不僅僅是一個選擇的問題，它也牽涉到一個人所處社會的習慣、法律和傳統。(這一點在某種意義上甚至也適用於選擇不結婚的伴侶。)在其他家庭成員問題上，古語說得好，你可以選擇朋友，但你不能選擇親屬。一個人從小就完全處於許多家庭關係的包圍中。個人主義者可能反駁說，任何人都可以拒絕承擔自己對家庭的義務，所以還有作出一種重要選擇的可能。但很有意思，如果有人作出這樣的「選擇」，至少如果他這樣做沒有充足的理由，我們就會對他們產生反感。因此，似乎我們願意承認有獨立於個人意志和行為的積極義務存在。

自由個人主義者的一個更好的回答是，在同意許多家庭關係不以人的意志為轉移的同時指出，人們往往願意反思什麼才算是遵循自由價值觀的、可以接受的家庭關係。家庭法不斷被修訂。妻子不再被視為丈夫的財產。人們最終承認了婚內強姦的概念，承認它是一項重罪。越來越多的虐待兒童事件被承認存在，越來越多的責任

者受到制裁。這樣，家庭正在向自由個人主義方向演變，家庭成員正在被賦予保護自主的權利。這種趨勢無疑還將繼續發展下去。

儘管如此，有趣的是，家庭這種模式還是與極端自由個人主義相對立。家庭的第一美德是愛，至少是感情，而不是正義。社會和政治制度的第一美德也應該是人與人之間的感情嗎？似乎這不大可能。把每個人都稱作兄弟或姐妹實在容易不過，但只有聖人才能以理想家庭的成員之間才有的那種特殊的感情和關懷對待整個人類(或者只是對待自己的街坊四鄰)，好像他們組成了一個快樂的大家庭。

然而，這些思想確實指明了一條希望之路。即使你不能做所有人的兄弟姐妹，你還可以做個好公民。一個好公民樂於助人，即使那個人沒有權利得到幫助。這樣，政治哲學就不必設計一套正義規定和原則，而可以嘗試創造條件，使具有某種性格的人多起來。就是說，這種觀點認為，政治哲學的任務就是設法激勵人們成為好公民，就是嘗試創造一個新世界，居住其中的人們相互關心，不因私利損害別人的利益。

實際上，這種觀點已經出現在本書的一些章節中。在第三章，盧梭沉迷於設計一種鼓勵道德和政治美德發展的社會。密爾也在某種意義上用社會制度能造就什麼樣的人來衡量這種社會制度的好壞。再回憶一下第四章馬克思對自由主義的批評：安全、平等、財產和自由等權利鼓勵每一個人把別人都看作對自己的自由權的限制，這些權利導致情感的分離和隔閡。對馬克思來說，我們必須超越這種狹隘的資產階級視角。對批判自由個人主義的女權主義者來說，還應該加上一個詞：這種狹隘的、資產階級的男性視角。但是，我們發現，許多反個人主義思想——馬克思主義、女權主義、公有主義和保守主義——一致認為：正義，至少太偏執於正義，會

損害具有真正價值的人際關係。(想想一個人在飯館裏總是斤斤計較自己應該分攤多少飯錢，是什麼樣子！)

也許，這種公民美德思想應該取代自由個人主義正義觀，成為政治哲學的首要課題和社會第一美德吧？但很難說清我們怎樣才能，或者為什麼應當完全拋棄對正義的考慮。如果在實踐中，政治哲學涉及社會法律和制度的設計和評估，那麼抽象的規則和原則似乎就是題中應有之義。關心、感情和其他美德可以告訴我們怎樣處理個人生活，因此可以指導我們和他人的關係，但政治決策的公共領域似乎注定要被「和人有關的數學問題」所左右。如果不訴諸抽象的正義理念，不知道怎樣才能規範財產、自由或權力一類的公共事務。

但是，不能下結論說，我們不能以關愛思想(idea of care)為基礎考慮問題，因為如前所說，我們需要正義原則是一碼事，這些原則應該是什麼是另一碼事。我們一旦開始考慮分配正義，就能發現自由主義政治哲學家的確是很關心人的特殊需要的。福利國家是一種通過社會工作者、護士和志願者，把關愛制度化的體制。因此，自由主義者對正義的關心已結合了關愛的價值觀，雖然是通過勞動分工。

我們可以進一步建議在堅持這種擴展的正義觀的同時應該堅持奉行積極的公民美德，正如密爾的政治哲學所倡導的那樣。根據這一思路，政治哲學家應該在制定抽象的正義原則的同時，嘗試創造使這些美德成長壯大的條件。這種折衷的選擇似乎是正確的。

但是這種折衷有效嗎？如果正義成為社會和政治制度的第一美德，其他東西還有空間嗎？讓我們再考慮一下那個用婚姻打的比方：如果丈夫和妻子堅持他們的權利，他們大概就不大可能以正常的情愛相待了。一對夫婦堅持各自的權利，這樁婚姻就出了問題。

但不能因此就說應該拋棄婚姻權利的概念，畢竟，婚姻出問題是常有的事。沃爾德倫說，需要這種權利，「不是為了建立感情聯繫，而是為了讓所有人放心地知道，如果遇到無法處理和他(她)從前伴侶的關係這樣的不幸事件，該怎麼辦」(《自由權利》374頁)。

因此，在某種意義上，說正義是社會和政治制度的第一美德是相當錯誤的。說它是最後的美德，至少是最後的一着可能更好些。權利或正義就像保險單，提供事後的保障。權利不會(或不必)損害感情聯繫。當然，這一點也不局限於婚姻，而是適合於整個社會生活。正義不必損害美德和關愛的倫理觀，但是它能在美德不起作用時提供一張保護網。

我們可以用另一種方式表達這個觀點。很多情況下，人類的社會生活要依靠信任。我們互相許諾，相信對方的話或相互理解，期待別人以一定的方式行事。一個沒有信任的世界會很可怕，也許甚至是不可思議的。但有人會說賦予個人法定的權利就預先假定了我們不可能相互信任。如果我們能相互信任，要權利幹什麼？在任何情況下，一旦我們有了權利，就不再需要信任，於是權利就顛覆或損害信任。

但是，沒人知道信任和權利是否必然衝突。比如，一個評論家認為，對洛克來說，「在自然狀態中，……令人絕望的是，理性的信任供不應求」(約翰·鄧恩：《解釋政治責任》，24頁)[67]。解決方案是設計「節約信任」的制度，實質上就是正義的法則。信任很重要，很有價值，是我們社會和政治領域的永久性特徵，但是我們不能總是依賴它。我們為什麼需要提出賦予個人權利的、可實施的正

---

67 約翰·鄧恩：《解釋政治責任》，引文頁碼根據 *Interpreting Political Responsibility*, Cambridge: Polity, 1990年。

義法則？不是因為我們認為人們行使權利，要求正義是件好事，而是因為我們知道有時這是他們僅有的出路。

但是正義是個很寬泛的概念。像批評正義的理論那樣認為尋求正義僅僅是在構建抽象而又十分籠統的原則是錯誤的。關心正義不應排除對具體問題的關注，需要考慮很多因素，不僅僅是看如何在特定的情況下使用原則。本書的觀點是，要求正義主要是要求補償非法的不平等。女權主義批評家不要求用關愛倫理觀取代正義倫理觀成為政治哲學的核心，而是要求我們使用正義原則時充份注意我們的制度體現和複製不公正的方式。女權主義者不能也不應放棄為婦女得到真正的自由平等而鬥爭。

因此，女權主義理論不要求推翻最基本的正義觀，而是要求運用正義觀時要前後一致。它也把我們引向一個非常古老的思想：我們不應對政治制度容易產生什麼類型的人漠然置之。一個容易造就冷酷自私的剝削者的社會不如一個容易造就善良無私的合作者的社會，即使形式上二者可以說都是正義社會。也許這一思想將幫助我們弄明白極端自由個人主義需要作多大程度的修正。但我們不打算在這裏得出最後的答案。

結束語

我希望本書已經部份地說明，為什麼二千五百年來政治哲學一直是人們進行探討並懷有深厚興趣的一個課題。然而我還希望讀者知道，對政治哲學的研究遠未完成。不但有尚待解決的問題，每個轉彎處還有未經探索的岔路，有人甚至說我們應該從頭開始。這是否意味着我們永遠不會有進展了？我認為這種悲觀的論點站不住腳。密爾說，在政治哲學中，「各種論點的陳述能決定人的理智是

贊同還是反對一種理論」，這樣說當然對。但是，密爾又補充道：「這等於提供了證明」(《功利主義》，255頁)。然而我們不清楚論點的陳述怎麼能等同於證明。密爾自己也會同意下面的看法：不管某些觀點在某一時期顯得多麼雄辯，也許後來有人會提出更為雄辯的觀點來支持相反的理論。因此，既然存在着聽起來比較有理或不太有理的見解和觀點，在政治哲學中就沒有終極結論。寫到這裏，我應當停筆了。

中譯名詞對照表

atomism	原子論
checks and balances	制衡體制
censorship	監察官制
civil disobedience	非暴力反抗
civil government	公民政府
civil religion	公民宗教
civil society	公民社會
communitarian	公有主義者
consent theory	許可理論
conservation of motion	運動守恒
constrained maximization	有限制的最大化
craft analogy	技藝的比喻
demos	民
diminishing marginal returns	遞減的邊際收益
extreme liberal individualism	極端自由個人主義
formal constraints	形式限制
fully participatory politics	全體參與式政治
general utility	普遍的功利
general will	公意
idea of care	關愛思想
indirect utilitarianism	間接功利主義
individual consent	個人許可
individualism	個人主義
in foro interno	內心範疇內
in foro externo	外部範疇內
interpersonal comparisons of utility	人際功利比較

justice in initial acquisition	初得正義
justice in transfer	轉讓正義
justice in rectification	修正正義
laws of nature	自然律
liberal democracy	自由民主制
liberties	自由權
liberty principle	自由準則
legitimate sphere	合法範圍
logical constraints	邏輯上的制約
mixed-motivation voting	多種動機投票
monarch	君主
motivation	動機
natural liberty	自然自由
natural reason	自然理性
natural right of liberty	自然權利
original contract	原初契約
other-regarding	與他人相關
Participatory democracy	參與型民主制
the philosophical anarchist	富於哲理的無政府主義者
plural voting	複數投票
primary goods	基本善
private sphere of interests	私人利益領域
the principle of fairness	公平原則
proportional representation	比例代表制
philosopher king	哲學王
physical constraints	天然的制約
public goods	公共產品
public bads	公共副產品
public sphere	公共領域

representative democracy	代議制民主
rights and liberties	權利和自由權
self-assumption	自我承諾
self-regarding	與自己相關
social contract	社會契約
social bases of self-respect	自尊的社會基礎
sovereign	主權者
state of nature	自然狀態
thin theory of the good	善的不全面理論
tyranny of the majority	多數的暴政
universal political obligations	普遍政治義務
universalism	普遍主義
utilitarianism	功利主義
voluntarism	自願論

推薦書目

序言

As indicated in the Preface, this book is not meant to be a systematic account of the present state of play in political philosophy, nor a scholarly history of the subject. But there are excellent books which do these things. Of the many introductions to contemporary political philosophy I would particularly recommend: Will Kymlicka, *Contemporary Political Philosophy: An Introduction* (Oxford: Oxford University Press, 1990) and Raymond Plant, *Modem Political Thought* (Oxford: Blackwell, 1991). *A Companion to Contemporary Political Philosophy*, ed. Robert E. Goodin and Philip Pettit (Oxford: Blackwell, 1993), contains many useful introductory articles. The best recent introduction to the history of political theory is Iain Hampsher-Monk, *A History of Modern Political Thought* (Oxford: Blackwell, 1992). This includes reliable and readable accounts of the views of many of the philosophers discussed here, including Hobbes, Locke, Rousseau, Marx, and Mill.

引論

The citation from Thucydides' *The Peloponnesian War* is from the 1972 Penguin edition. The quotation from Engels is from his *Socialism: Utopian and Scientific*, available in many editions of Marx and Engels' selected works.

第一章

The citation from William Golding's *Lord of the Flies* is taken from the 1954 Penguin edition.

Many editions of Hobbes's *Leviathan* are available. References in the text are to the edition by C. B. Maepherson (Harmondsworth: Penguin, 1968). For an introduction to Hobbes see Richard Tuck, *Hobbes* (Oxford: Oxford University Press, 1989). More advanced, but highly recommended, is Jean Hampton, *Hobbes and the Social Contract Tradition* (Cambridge: Cambridge University Press, 1986).

References to Locke are to *Two Treatises of Government*, ed. Peter Laslett (Cambridge: Cambridge University Press, student edn., 1988).

References in the present book give section, as well as page, numbers, for users of other editions. David Lloyd Thomas, *Locke on Government* (London: Routledge, 1995) is an excellent introduction to Locke's political thought.

The most useful edition of the various works of Rousseau referred to here is *The Social Contract and Discourses*, ed. G. D. H. Cole, J. H. Brumfitt, and John C. Hall (London: Everyman, 1973), and the page numbers given are taken from this edition (in the case of *The Social Contract*, book and chapter numbers are also given). This edition contains all of Rousseati's major philosophical works, with the exception of *Emile*, which is also available in an Everyman edition, published in 1974.

An account of societies without the state is contained in Harold Barclay, *People Without Government* (London: Kahn & Averill, 1990). Many discussions of the prisoners' dilemma are available. A good introduction to this and related issues is Jon Elster, *Nuts and Bolts for the Social Sciences* (Cambridge: Cambridge University Press, 1989) (the Sartre example is taken from Elster). George Woodcock (ed.), *The Anarchist Reader* (Glasgow: Fontana, 1977) contains an interesting selection of anarchist writings, including portions of William Godwin's *Enquiry Concerning Political Justice*, and Peter Kropotkin's *Mutual Aid*. Full-length reprints of these two works are: Godwin, *Enquiry Concerning Political Justice*, ed. Isaac Kramnick (Harmondsworth: Penguin, 1976); Kropotkin, *Mutual Aid*, ed. Paul Avrich (London: Allen Lane, 1972). A useful survey of positions is contained in David Miller, *Anarchism* (London: Dent, 1984).

第二章

The page references to John Stuart Mill's *On Liberty* are to the very convenient edition of *Utilitarianism and Other Writings*, ed. Mary Warnock (Glasgow: Collins, 1962). The references to Locke are again to the Laslett edition of the *Two Treatises*. Bentham's utilitarianism is set out in his *Introduction to the Principles of Morals and Legislation*, ed. J. H. Burns and H. L. A. Hart (London: Methuen, 1982). The first five chapters of this are printed in the Mary Warnock edition of Mill.

Max Weber's definition of the state is presented in his article 'Politics as a Vocation', in *Essays from Max Weber*, trans. H. Gerth and C. W. Mills (London: Routledge & Kegan Paul, 1948).

Two excellent general treatments of the problem of political obligation are A. John Simmons, *Moral Principles and Political Obligations* (Princeton, NJ: Princeton University Press, 1979) and John Horton, *Political Obligation* (London: Macmillan, 1992). Simmons defends 'philosophical anarchism', as does R. P. Wolff in *In Defense of Anarchism* (New York: Harper, 1973). A recent defence of consent theory is Harry Beran, *The Consent Theory of Political Obligation* (London: Croom Helm, 1987).

The theory of participatory democracy is defended by Carole Pateman in two works: *Participation and Democratic Theory* (Cambridge: Cambridge University Press, 1970) and *The Problem of Political Obligation* (Oxford: Polity Press, 1985).

The quotation concerning tacit consent is from Hume's 'Of the Original Contract', in his *Essays Moral, Political, and Literary*, ed. E. F. Miller (Indianapolis, Ind.: Liberty Press, 1985), 465-87, and the citation from Rousseau is from *The Social Contract and Discourses*, ed. Cole et al.

H. L. A. Hart presented the theory of fairness in his article 'Are There Any Natural Rights?', reprinted in J. Waldron (ed.), *Theories of Rights* (Oxford: Oxford University Press, 1984). It has received a booklength defence in George Klosko, *The Principle of Fairness and Political Obligation* (Lanham, Md.: Rowman & Littlefield, 1992). Nozick's objections are set out in his *Anarchy, State, and Utopia* (Oxford: Blackwell, 1974), and are discussed by Simmons and Horton.

Bentham's theory appears in his *A Fragment on Government*, ed. Ross Harrison (Cambridge: Cambridge University Press, 1988). A good discussion of utilitarianism is J. J. C. Smart and Bernard Williams, *Utilitarianism: For and Against* (Cambridge: Cambridge University Press, 1973). The case of the Birmingham six is discussed in detail in Chris Mullin, *Error of Judgement* (Dublin: Poolbeg Press, revised edn., 1990).

In addition to the essay 'Of the Original Contract', referred to above, Hume discusses justice and political obligation in book III of his *A Treatise of Human Nature*, ed. L. A. Selby-Bigge (Oxford: Oxford University Press, 2nd edn., 1978). See also his *An Enquiry Concerning the Principle of Morals*, in his *Enquiries*, ed. L. A. Selby-Bigge (Oxford: Oxford University Press, 3rd edn., 1975).

第三章

The most helpful philosophical treatment of democracy is Ross Harrison, *Democracy* (London: Routledge, 1993). Also useful is David Held, *Models of Democracy* (Cambridge: Polity, 1987) and Keith Graham, *The Battle of Democracy* (Brighton: Wheatsheaf, 1986). A more detailed development of some of the themes of this chapter is contained in Jeremy Waldron, 'Rights and Majorities: Rousseau Revisited', in his *Liberal Rights* (Cambridge: Cambridge University Press, 1993).

Many editions of Plato's *Republic* are available. The citations here are from H. P. D. Lee's edition (Harmondsworth: Penguin, 1955). A famous extended attack on Plato's view is Karl Popper, *The Open Society and its Enemies*, i (London: Routledge, 1945). An excellent introduction to *The Republic* as a whole is Nickolas Pappas, *Plato: The Republic* (London: Routledge, 1995). Condorcet's argument is summarized in Brian Barry, 'The Public Interest', in A. Quinton (ed.), *Political Philosophy* (Oxford: Oxford University Press, 1967), and set out in detail in Duncan

Black, *The Theory of Committees and Elections* (Cambridge: Cambridge University Press, 1958). The trade union examples illustrating the idea of the general will are adapted from Barry's article.

References to Rousseau's *Social Contract and A Discourse on Political Economy* are to the Everyman edition by Cole et al. Mary Wollstonecraft's *Vindication of the Rights of Women* is available in Miriam Brody's 1992 Penguin edition. The distinction between positive and negative freedom is famously discussed by Isaiah Berlin in 'Two Concepts of Liberty', in his *Four Essays on Liberty* (Oxford: Oxford University Press, 1969). It is reprinted, with other relevant papers, in *Liberty*, ed. David Miller (Oxford: Oxford University Press, 1991). Berlin's essay makes several of the criticisms of Rousseau pointed out here. The works of Carole Pateman on participatory democracy (cited above) are also particularly relevant. Mill's position is set out in *Considerations on Representative Government*, in *Utilitarianism, On Liberty, and Considerations on Representative Government*, ed. H. B. Acton (London: Dent, 1972).

第四章

References to Mill's *On Liberty* and *Utilitarianism* are again to the Mary Warnock edition of *Utilitarianism*. An excellent discussion of Mill's position is contained in the essays in *J. S. Mill, On Liberty In Focus*, ed. John Gray and G. W. Smith (London: Routledge, 1991). For a treatment of Mill's political ideas in the broader context of his thought, see John Skorupski, *John Stuart Mill* (London: Routledge, 1989). The reference to Rousseau is again to the Everyman edition of *The Social Contract and Discourses*, ed. Cole et al. Mill's defence of freedom of thought is critically discussed in detail by R. P. Wolff, *The Poverty of Liberalism* (Boston, Mass.: Beacon Press, 1968). The 'rich aunt' example is taken from David Lloyd Thomas, 'Rights, Consequences, and Mill on Liberty', in A. Phillips Griffiths (ed.), *Of Liberty* (Cambridge: Cambridge University Press, 1983). Bentham's attack on natural rights is set out in his *Anarchical Fallacies*, reprinted in *Nonsense Upon Stilts*, ed. Jeremy Waldron (London: Methuen, 1987). As well as a good general discussion of the concept of a right, this volume also contains a version of Marx's 'On the Jewish Question', which is widely available in anthologies of Marx's writings. Particularly recommended is *Karl Marx: Selected Writings*, ed. D. McLellan (Oxford: Oxford University Press, 1977), from which citations of 'On the Jewish Question' in the present book are taken.

Henry Sidgwick's position is set out in his *The Methods of Ethics* (London: Macmillan, 1907). The term 'government house utilitarianism' comes from the introduction to Amartya Sen and Bernard Williams (eds.), *Utilitarianism and Be-*

yond (Cambridge: Cambridge University Press, 1982). James Fitzjames Stephen, *Liberty, Equality, Fraternity*, is available in a reprint (Chicago: Chicago University Press, 1991). Patrick Deviin's 'Morals and the Criminal Law', first published in 1958, is reprinted in his *The Enforcement of Morals* (Oxford: Oxford University Press, 1965) and has been critically discussed by H. L. A. Hart in *Law, Liberty and Morality* (London: Oxford University Press, 1963). For the communitarian critiques of liberalism see the essays in *Communitarianism and Individualism*, ed. Shlomo Avineri and Avner de-Shalit (Oxford: Oxford University Press, 1992), especially those of Michael Sandel, Charles Taylor, Alasdair MacIntyre, and Michael Walzer, the philosophical founders of modern communitarianism. Michael Sandel, *Liberalism and the Limits of Justice* (Cambridge: Cambridge University Press, 1982) is an influential full-length presentation of a communitarian position, concentrating on criticism of John Rawls, *A Theory of Justice* (Oxford: Oxford University Press, 1971).

第五章

The quotation from Hume's *Second Enquiry* is from the Selby-Bigge edition. Mill's *Chapters on Socialism* is available in *On Liberty and Other Writings*, ed. Stefan Collini (Cambridge: Cambridge University Press, 1989). Nozick's *Anarchy, State, and Utopia* is discussed at length in my own *Robert Nozick: Property, Justice and the Minimal State* (Cambridge: Polity, 1991). See also G. A. Cohen, *Self-Ownership, Freedom, and Equality* (Cambridge: Cambridge University Press, 1995), and the essays in Jeffrey Paul (ed.), *Reading Nozick* (Oxford: Blackwell, 1982). An excellent collection of essays on John Rawls's *A Theory of Justice* is Norman Daniels (ed.), *Reading Rawls* (Oxford: Blackwell, 1975). Rawls has modified his views over the last two decades, and his latest views are presented in his *Political Liberalism* (New York: Columbia University Press, 1993). Some of these changes are documented in C. Kukathas and P. Pettit, *Rawls* (Cambridge: Polity Press, 1990), which also contains other useful material.

Jan Pen, *Income Distribution*, is published by Penguin (1971). A recent report on income and wealth in Britain, using Pen's idea of the income parade, is John Hills, *Joseph Rowntree Foundation Inquiry into Income and Wealth*, vol. ii (York, 1995). The quotation from Rousseau is again taken from the Everyman edition of *The Social Contract and Discourses*. Locke's discussion of property is contained in chapter 5 of his *Second Treatise* (citations from the Laslett edition). Useful treatments of the topic of property rights are Lawrence C. Becker, *Property Rights* (Boston, Mass.: Routledge & Kegan Paul, 1977) and Alan Carter, *The Philosophical Foundations of Property Rights* (Hassocks: Harvester, 1988).

A good general philosophical discussion of the market is Allen Buchanan, *Ethics, Efficiency and the Market* (Totowa, NJ: Rowman & Allanheld, 1985). It contains a useful brief summary of F. A. von Hayek's position, which is set out by Hayek at great length in various writings, but especially in *The Constitution of Liberty* (London: Routledge & Kegan Paul, 1960). The writings of Milton Friedman are more accessible: see particularly his *Capitalism and Freedom* (Chicago: Chicago University Press, 1962) and (jointly written with Rose Friedman), *Free to Choose* (Harmondsworth: Penguin, 1980). A discussion of Marx's reasons for advocating the planned economy is contained in my article 'Playthings of Alien Forces', *Cogito*, 6/1 (1992). Engeis's *Speeches in Elberfeld* are reprinted in K. Marx, F. Engels, and V. 1. Lenin, *On Communist Society* (Moscow: Progress Press, 1974). The edition of Marx cited is *Early Writings*, ed. Lucio Colletti (Harmondsworth: Penguin, 1975).

The quotation from Adam Smith is from *The Wealth of Nations*, first published in 1776 (Harmondsworth: Penguin, 1970). The quotation from Alee Nove's *The Economics of Feasible Socialism* is from the first edition (London: George Allen & Unwin, 1983). It is now published in a second edition entitled *The Economics of Feasible Socialism Revisited* (London: Harper Collins, 1991).

The main source for Marx's writings on alienation is his *Economic and Philosophical Manuscripts* (1844), especially 'Alienated Labour'. This is available in many editions: for example *Karl Marx: Selected Writings*, ed. D. McLellan and *Early Writings*, ed. Colletti. On the phenomenon of 'de-skilling' under capitalism see Henry Braverman, *Labour and Monopoly Capitalism* (New York: Monthly Review Press, 1974). The reference to Engels's *The Condition of the Working Class in England*, first published in 1845, is taken from *Marx and Engels on Britain* (Moscow: Marx-Engels-Lenin-Stalin Institute, 1953). Other editions are also available.

Many of the objections to Rawls are raised in the collection edited by Norman Daniels, *Reading Rawls*, referred to above. See in particular the papers by Ronald Dworkin, Thomas Nagel, and Thomas Scanion. The idea of the 'social minimum' is usefully discussed in Jeremy Waldron's 'John Rawls and the Social Minimum', in his collection Liberal Rights. For a version of 'Left-wing libertarianism' see Hillel Steiner, *An Essay on Rights* (Oxford: Blackwell, 1994).

第六章

A good introduction to the diversity of feminist political thought is contained in Jane J. Mansbridge and Susan Moller Okin, 'Feminism' in Robert E. Goodin and Philip Pettit (eds.), *A Companion to Contemporary Political Philosophy* (Oxford:

Blackwell, 1993). This also contains a substantial bibliography. Will Kymlicka's *Contemporary Political Philosophy* includes a (partly) sympathetic response to feminist thought from a liberal perspective. The Simone de Beativoir quotation is from *The Second Sex* (New York: Vintage, 1952). Susan Moller Okin, *Justice, Gender and the Family* (New York: Basic Books, 1989) is a much-discussed liberal feminist position. One of the best discussions of affirmative action is Thomas E. Hill, Jr., 'The Message of Affirmative Action', in his *Autonomy and Self-Respect* (Cambridge: Cambridge University Press, 1991).

Useful anthologies of feminist writings are Janet A. Kourany, James P. Sterba, and Rosemarie Tong (eds.), *Feminist Philosophies* (Hemel Hempstead: Harvester Wheatsheaf, 1993) and Nancy Tuana and Rosemarie Tong (eds.), *Feminism and Philosophy* (Boulder, Colo.: Westview Press, 1995). New anthologies of feminist philosophical writings appear almost by the month.

The quotations from F. H. Bradley's *Ethical Studies* are taken from a reprint of the second edition (Indianapolis, Ind.: Bobbs-Merrill, 1950.

Burke's *Reflections on the Revolution in France* is available in a 1968 Penguin edition. Michael Oakeshott's *Rationalism in Politics* is published by Methuen (London, 1962). See also Roger Scruton, *The Meaning of Conservatism* (London: Macmillan, 2nd edn., 1984).

A collection of essays on the relationship between capitalism and patriarchy is *Women and Revolution*, ed. Lydia Sargeant (Boston, Mass.: South End Press, 1981). This includes Heidi Hartmarm's famous paper 'The Unhappy Marriage of Marxism and Feminism' (also reprinted in Kourany, Sterba, and Tong, *Feminist Philosophies*), which begins with the words: 'The "marriage" of marxism and feminism has been like the marriage of husband and wife as depicted in English common law: marxism and feminism are one, and that one is marxism.' The quote from Sheila Rowbotham is from *Women, Resistance and Revolution* (London: Penguin, 1972) and Seyla Benhabib's article 'The Generalized and Concrete Other' is printed in Seyla Benhabib and Drucilla Cornell (eds.), *Feminism as Critique* (Cambridge: Polity Press, 1987).

The main feminist writings discussed in the text are Nancy Chodorow, *The Reproduction of Mothering: Psychoanalysis and the Sociology of Gender* (Berkeley, Ca.: University of California Press, 1978) and Carol Gilligan, In *A Different Voice* (Cambridge, Mass.: Harvard University Press, 1982). Other particularly influential writings are Catherine MacKinnon, *Feminism Unmodified* (Cambridge, Mass.: Harvard University Press, 1987), Alison M. Jaggar, *Feminist Politics and Human Nature* (Hemel Hempstead: Harvester, 1983), and Carole Pateman, *The Sexual Contract* (Stanford: Stanford University Press, 1988). Susan Moller Okin, *Women in Western Political Thought* (Princeton, NJ: Princeton University Press,

1979) is a very interesting account of the place of women in the thought of Plato, Aristotle, Rousseau, and Mill.

The article referred to by Jeremy Waldron is 'When Justice Replaces Affection: The Need For Rights', reprinted in his *Liberal Rights*. John Dunn's article 'What is Living and What is Dead in the Political Theory of John Locke?' appears in his *Interpreting Political Responsibility* (Cambridge: Polity, 1990). Michael Ignatieff, *The Needs of Strangers* (London: Hogarth, 1984) can be seen as a study of how care can be institutionalized.

本書中論及的著作

BENTHAM, JEREMY, *Anarchical Fallacies*, in *Nonsense on Stilts*, ed. Jeremy Waldron (London: Methuen, 1987).

—— *A Fragment on Government*, ed. Ross Harrison (Cambridge: Cambridge University Press, 1988).

—— *An Introduction to the Principles of Morals and Legislation*, ed. J. H. Burns and H. L. A. Hart (London: Methuen, 1982).

GODWIN, WILLIAM, *Enquiry Concerning Political Justice*, ed. Isaac Kramnick (Harmondsworth: Penguin, 1976).

HART, H. L. A., 'Are There Any Natural Rights?', repr. in J. Waldron (ed.), *Theories of Rights* (Oxford: Oxford University Press, 1984).

HOBBES, THOMAS, *Leviathan*, ed. C. B. Macpherson (Harmondsworth: Penguin, 1968).

HUME, DAVID, *An Enquiry Concerning the Principle of Morals,* in *Enquiries*, ed. L. A. Selby-Bigge (Oxford: Oxford University Press, 3rd edn., 1975).

—— 'Of the Original Contract', in *Essays Moral, Political and Literary*, ed. E. F. Miller (Indianapolis, Ind.: Liberty Press, 1985).

—— *A Treatise of Human Nature*, ed. L. A. Selby-Bigge (Oxford: Oxford University Press, 2nd edn., 1978).

KROPOTKIN, PETER, *Mutual Aid*, ed. Paul Avrich (London: Allen Lane, 1972).

LOCKE, JOHN, *Two Treatises of Government*, ed. Peter Laslett (Cambridge: Cambridge University Press, student edn., 1988).

MARX, KARL, *Early Writings*, ed. Lucio Colletti (Harmondsworth: Penguin, 1975).

—— 'On the Jewish Question', in *Karl Marx: Selected Writings*, ed. D. McLellan (Oxford: Oxford University Press, 1977).

MILL, JOHN STUART, *Chapters on Socialism,* in *On Liberty and Other Writings,* ed. Stefan Collini (Cambridge: Cambridge University Press, 1989).

—— *Considerations on Representative Government,* in *Utilitarianism,* ed. H. B. Acton (London: Dent, 1972).

—— *On Liberty,* in *Utilitarianism and Other Writings,* ed. Mary Warnock (Glasgow: Collins, 1962).

NOZICK, ROBERT, *Anarchy, State, and Utopia* (Oxford: Blackwell, 1974).

PLATO, *The Republic,* ed. H. P. D. Lee (Harmondsworth: Penguin, 1955).

RAWLS, JOHN, *A Theory of Justice* (Oxford: Oxford University Press, 1971).

—— *Political Liberalism* (New York: Columbia University Press, 1993).

ROUSSEAU, JEAN-JACQUES, *Emile* (London: Everyman, 1974).

—— *The Social Contract and Discourses,* ed. G. D. H. Cole, J. H. Brumfitt, and John C. Hall (London: Everyman, 1973).

STEPHEN, JAMES FITZJAMES, *Liberty, Equality, Fraternity* (Chicago: Chicago University Press, 1991).

VON HAYEK, F. A., *The Constitution of Liberty* (London: Routledge & Kegan Paul, 1960).

WOLLSTONECRAFT, MARY, *Vindication of the Rights of Women,* ed. Miriam Brody (Harmondsworth: Penguin, 1992).